MANFRED SCHARNBERG (HRSG.)

HUNDELEBEN

BILDER UND REPORTAGEN ÜBER DEN GELIEBTEN VIERBEINER

RASCH UND RÖHRING VERLAG

Für Vincent

CIP-Titelaufnahme der Deutschen Bibliothek

Scharnberg, Manfred:
Hundeleben: Bilder u. Reportagen über d. geliebten Vierbeiner / Manfred Scharnberg. – Hamburg: Rasch und Röhring, 1988
ISBN 3-89136-146-7

Lektorat: Angelika Buscha
Schutzumschlaggestaltung: Peter Albers, Reisenberger
Lithographie: Nelles & Co., Hamburg
Satzherstellung: Utesch Satztechnik, Hamburg
Druck- und Bindearbeiten: Mainpresse Richterdruck, Würzburg
Printed in Germany

INHALT

BELLENDE AKROBATEN

Vorhang auf. Der bordeauxrote Brokat öffnet sich langsam. Im grellen Scheinwerferlicht des Hamburger »Hansa Theaters« stehen »Les Chabres«. Vorn Claudia und Yvonne Chabre, dahinter die Stars der Vorstellung: Solo, Max, Chico, Nina, Tiffany, Mine, Bobby und Oskar – gestandene Artisten. Auf runden Postamenten, auf denen im Zirkus brüllende Tiger thronen würden, sitzen sie. Vier große Pudel, zwei Kleinpudel und zwei Foxterrier, umrankt von einem Ring bunter Plastikblumen. Gelassen, mit stolz erhobenem Kopf nehmen sie den Applaus entgegen.

Das Programmheft verspricht: »Vierbeiner als muntere Akteure«, und gleich am Anfang geht es drunter und drüber. Zwei Königspudelpaare springen übereinander. Jedes Duo im passenden Kostüm: Modeschur oder Standardschur in Schwarz und Weiß. Schwarz hüpft über Weiß, Weiß über Schwarz, Schwarz über Weiß und so weiter. Dann kommt Farbe in das Schwarzweißprogramm. Ganz in Apricot und Grau tippeln zwei Zwergpudel durch die Beine von zwei der großen Königspudel. Hoch auf die Hinterläufe erhoben, fast Auge in Auge mit den blonden Dresseurinnen, stolzieren Chico und Nina langsam über die Bühne. Die Kleinen umrunden die wuscheligen Hindernisse, die sich ihnen immer wieder in den Weg stellen. Claudia und Yvonne Chabre schauen den Königspudeln ständig in die Augen und reden unermüdlich auf sie ein: »So ist's brav, ja, weiter, brav.« Auf Kommando sinken die Hunde auf alle viere herunter. Applaus. Die Pudel reagieren nicht auf den Beifall. Was kümmern sie Ruhm und Ehre. Ihnen geht es vielmehr um das leibliche Wohl. Gierig fischen sie sich aus den Händen der Dresseurinnen ihren Erfolg: Hundekuchen.

Langsam klingt die beschwingte Musik aus. Gedämpftes Licht und die sanfte Melodie »Limelight« sollen die Zuschauer melancholisch stimmen. Im Spotlicht erscheint »Monsieur Simon«, der Transvestit der Truppe. Der Rüde tänzelt im taillierten Tüllrock auf die Bühne. Das rosa Rüschenkleid mit verzierter Corsage und der Kopfschmuck aus Straußenfedern sind eine Création des ehemaligen Leibschneiders von Zarah Leander. Der Pudel-Terrier-Mischling wird darin zur Ballerina. Kleider machen Hunde. Mit kleinen Tänzelschritten tippelt »Monsieur Simon« auf zwei Beinen, hockt sich passend zur Musik nieder und dreht eine Pirouette, immer dem Finger von Claudia Chabre folgend. Die Zuschauerherzen schmelzen dahin. »O beautiful«, seufzt eine mit Schmuck behangene Amerikanerin. »Ist das nicht niedlich?« haucht eine ältere Dame im teuren Ausgehkostüm.

»Wir wollen keine große Kunst machen. Unser Programm soll unterhalten und Freude bringen. Heutzutage will das Publikum Späße sehen und keinen Hund, der einen Salto vorführt«, sagt Yvonne

Knicks im maßgeschneiderten Kostüm

Chabre, als sie es sich während der Pause in ihrem Wohnwagen bequem macht. Die zweiunddreißigjährige Belgierin stand bereits mit elf Jahren auf der Bühne. Sie erinnert sich, daß ihr Programm am Anfang noch nicht so »witzig« war wie heute. Die damals eher »trockenen Dressurstücke« waren ein Tribut an die Tradition der belgischen Zirkusfamilie.

Der Onkel, ein würdevoller Herr, hatte damals großen Erfolg mit seiner Hundenummer. Eine Pudeldressur im alten Stil, streng und zackig. Auf Kommando vollführte seine Truppe die tollsten Kunststücke. Er brachte die Eltern von Claudia und Yvonne vor über dreißig Jahren darauf, ebenfalls eine Hundedressur zu versuchen. Der ehemalige Pferdeakrobat und die Ex-Seiltänzerin peppten ihre neue Nummer auf. Sie tourten durch die Zirkusarenen und Varietébühnen Europas und hatten Erfolg. Die seit dreißig Jahren bestehende »Choreographie« wurde »modernisiert«, sonst hat sie sich kaum verändert. Heute stehen Yvonne und ihre Schwester Claudia im Rampenlicht, Artisten in der siebten Generation.

Die Hunde dagegen sind nur jeweils eine Generation lang Akrobaten, sie stammen nicht aus einer speziellen Zirkushundezucht. Wie andere Leute Kleider bei »Dior« oder Schmuck bei »Tiffany's« erstehen, so kaufen die »Chabres« Hunde: Pudel und Foxterrier in England, Königspudel in den USA. »Wir brauchen immer neue Hunde. Seitdem wir die Pudelnummer machen, haben wir bestimmt schon über hundert Hunde gehabt«, sagt Claudia Chabre. Zehn Hunde quirlen abends über die Bühne des »Hansa Theaters«, und drei »Ersatztiere« sitzen auf der Reservebank. Zu Hause in Belgien sind weitere sechs Hunde untergebracht. »Wir haben immer sechs oder sieben Tiere, die nichts machen, aber unentbehrlich sind«, sagt Yvonne Chabre. Fällt ein Hund aus, wird krank oder hat einen schlechten Tag, dann muß die Show trotzdem weitergehen.
Wenn ein Hund von der Bühne abtritt, die Show für ihn zu Ende ist, dann kommt er in das private Hundealtersheim der Familie Chabre. »Unsere Pensionäre können wir nicht einfach wegtun. Diese braven Arbeitstiere, mit denen wir in ganz Europa auftraten, die sollen ihr

Les Chabres und ihre gestandene Crew

Gnadenbrot bei uns haben«, erklärt Yvonne. Die Hunde befinden sich in bester Gesellschaft: Katzen, Ponys, Papageien, Aras, Tauben und eine Ente, die unter den vielen Pudeln glaubt, sie wäre selbst ein Hund. Insgesamt fünfzig Tiere haben »Les Chabres« zu Hause versammelt.

Eine bellende Bühnen-Berühmtheit lebt nicht lange, höchstens elf bis zwölf Jahre. Ihr kurzes Leben ist ausgefüllt mit viel anstrengender Gaukelei, vielen leckeren »Cookjes« und viel lästigem Beifall. Doch der kläffende Künstler hat das Odeur der Theater und Arenen Europas erschnuppert und kennt die Pinkelbäume der Weltmetropolen. »Von so einem Arbeitstier hat man sechs Jahre etwas, dann haben sie keine Lust mehr. Sie legen sich bei der Vorstellung auf ihr Podest und schlafen. Wer arbeitet, verschleißt auch eher«, sagt Claudia Chabre.

Alle ihre Tiere, bis auf »Monsieur Simon«, der seine Existenz einem »Unfall« verdankt, sind reinrassig. Die Eltern von »Mine« sind sogar Schönheitschampions. »Wir haben immer für gepflegtes Tiermaterial gesorgt«, sagt Yvonne. »Der Pudel ist doch ein schicker, attraktiver Hund und immer drollig.« Claudia und Yvonne arbeiten mit Pudeln, nicht, weil diese sich besonders gut für die Dressur eignen. Sie könnten mit jedem intelligenten Hund etwas anfangen. Nur, eine Bulldogge im Kleidchen macht sich nicht besonders gut auf dem Podium. Oft wählen die »Chabres« nicht nur nach Talent aus, sondern nach Vorliebe. Weil sie so »süß« aussieht, nehmen sie eine Hündin, obwohl ein Rüde für die Artistenarbeit besser geeignet ist. »Sie sind mutiger und aktiver auf der Bühne als Hündinnen«, sagt Claudia.

Ob ein Hund zum Akrobaten geboren ist, stellt sich später heraus. »Da übst du wochenlang, und erst dann merkst du: Er taugt nichts. Dann muß er weg, sonst haben wir nachher dreißig Hunde, die nichts können«, erzählt Yvonne. Ein Reinfall war der teure apricotfarbene Pudel mit brillanten Zuchtpapieren. Er sprang durch einen Reifen, lief

Mexikanisches Zwischenspiel

weiter und immer weiter, als sei er von einer Tarantel gestochen worden. »Der war total verrückt«, meint Yvonne. Und dann gibt es unter den Hunden auch Naturtalente. »Bei denen sprüht die Intelligenz schon aus den Augen«, erzählt Claudia. »Blacky zum Beispiel, das war ein Hund, dem brauchtest du nur zu erzählen, was er tun sollte, und sofort machte er den Trick.«

Üben, üben und nochmals üben. So beginnt auch für Pudel die Künstlerlaufbahn. Auf-die-Hinterbeine-Stellen, Springen und Strammsitzen auf dem Podest beinhaltet das tägliche Programm der sechswöchigen »Grundausbildung«. Sind die besonderen Talente eines Hundes aufgespürt, dann wird ein spezielles Kunststück eingeübt. Das dauert nochmals sechs Wochen. Claudia Chabre erzählt: »Zuerst denkt der Hund, ach, ich amüsiere mich gut. Wenn er aber merkt, daß er es machen muß, dann ist der Spaß vorbei.« Besonders unbeliebt unter dem Hundevolk ist der Handstand. Das Balancieren auf den Vorderpfoten bringen Claudia und Yvonne ihren Hunden in Etappen bei. Zunächst muß der kleine Artist über einen Stab hüpfen. Immer wieder, jedesmal ein Stück höher. Kommt er hinten so weit hoch, daß er beim Aufsetzen steil in die Höhe steht, dann werden seine Hinterpfoten festgehalten. In dieser Stellung lernt er dann das Laufen; zunächst mit Stützhilfe, bis er sein Gleichgewicht gefunden hat.

Manche anderen Artisten machen sich nicht so viel Mühe. Sie lassen die Musik des Auftrittes erklingen und setzen den Neuling auf eine

glühendheiße Eisenplatte. Nur die Vorderfüße des Hundes sind gegen Hitze geschützt. So angefeuert, reißt er zwangsläufig die Hinterbeine hoch und lernt den Hundehandstand auf bequeme Weise. Hört das Tier die Auftrittsmelodie, springt es in Panik auf die Vorderpfoten. Die »Chabres« dressieren ihre Hunde nicht auf die harte Tour, aber mit deutschen Kommandos. »Das klingt kurz und autoritär«, sagt Yvonne. Das zackige deutsche Vokabular läßt aber nicht nur Pudel springen. Überall in der Welt knallen nach dieser Dressursprache Zirkustiere die Hacken zusammen.
Mit eineinhalb Jahren ist es soweit. Für den angehenden Hundestar beginnt die aktive Show-Karriere sehr gemütlich: hinsetzen, schauen, was die Kollegen so machen, und Ovationen einheimsen. Das war's, danke, die Herrschaften. »Die Hunde müssen sich erst an Scheinwerferlicht, Musik und Applaus gewöhnen«, erklärt Claudia.

Wenn sie dann ihre Tricks vorführen dürfen, dann sind es die Neuen, die immer wieder für Aufregung in der Hundehorde sorgen. Zur Zeit ist »Max« der Junior des Ensembles. Zu Hause, in Belgien, stiehlt er sich oft davon. Der Pudel mopst den Nachbarn das Kotelett aus der Küche und buddelt ihre Salatköpfe aus. Während des Auftritts schnuppert »Max« mal zwischendurch hinter den Kulissen oder zeigt erst mal, wie laut er bellen kann, bevor er endlich durch den Reifen springt.
Und Bobby, der Foxterrier: Er trat mit fünfzehn Hunden in großer Besetzung und dem Vater der beiden Schwestern in einer Zirkusarena

Kunststückchen auf den Brettern, die die Welt bedeuten

auf. Ohne daß er an der Reihe war, hüpfte der »Raudi« von seinem Podest. Vater Chabre in seinem frischgebügelten, weißen Smoking roch anscheinend nicht genug nach dem Künstlerrudel. Bobby pinkelte dem vollauf mit der Vorführung Beschäftigten ans Bein.
»Ach, diese Viecher, jeden Tag finden die einen neuen Gag«, stöhnt Yvonne, »Hundedressur ist, als ob man einen Sack Flöhe hütet.« Ihre »Mucken« finden die Dompteusen lästig, aber auch verzeihlich: »Schließlich sind das lebendige Tiere und keine Marionetten.« Und wenn es einmal nicht klappt, dann muß geübt werden. »Üben ist besser als schlagen«, meint Claudia. »Du brauchst sie nur einmal anzuherrschen oder böse zu gucken, dann haben sie schon verstanden.« Und Yvonne fügt hinzu: »Schlagen hat gar keinen Zweck, der Hund hat Angst und ist für alle Zeit versaut.«
Yvonne und Claudia sind nicht so sehr Entertainer für das Publikum, sondern für die Hunde. »Wir müssen sie immer bei guter Laune halten. Auch Arbeitstiere müssen ihren Spaß haben«, sagt Claudia. Die Akteure spüren immer genau, was Sache ist: Sind Claudia und Yvonne ärgerlich, nervös oder traurig, dann sind es die Hunde auch. Schließlich arbeitet man ja im Team, und das jeden Tag.

Morgens um acht Uhr beginnt der Alltag der schwanzwedelnden Podiumprofis: Gassi gehen, Futter fassen, Fell frisieren und unerhört üben. Ab siebzehn Uhr heißt es: warten auf den Auftritt zur Nachmittagsvorstellung. Keine Spur von Lampenfieber. Die sonst so temperamentvollen Theatervirtuosen sitzen ruhig und gelassen auf einer Bank im Bühnengang. Alles Routine. Die zweibeinigen Artisten sind noch im Trainigsanzug oder Bademantel, die Vierbeiner schon in ihrem Bühnenkostüm, im Naturpullover oder Glitterkleidchen. Requisiten werden hektisch hin- und hergetragen, von der Bühne klingt ein Zirkusmarsch, die Begleitmusik zum Auftritt der Puppenspieler.
Zum Warmmachen wirbelt ein Jongleur Keulen durch die Luft. Als er einen der Pudel streichelt, drücken die »Chabres« ein Auge zu.

Hundehandstand – ein Balanceakt für zwei Pfoten

Eigentlich hatten sie ihre Artistenkollegen gebeten, die Tiere nicht anzufassen. »Sonst ist das Fell ewig ruiniert«, sagt Claudia. Sie selber streicheln ihre Tiere auch nicht so oft wie ein normaler Hundebesitzer. »Bei so vielen Tieren kann man das nicht«, meint sie. »Wir tätscheln ab und zu. Die großen Hunde darf man nicht soviel streicheln, sonst springen die einem auf den Kopf.« Yvonne kämmt die Königspudelhündin »Nina« und nickt: »Ja, Pudel sind auch sehr eifersüchtig. Sie wollen am liebsten den ganzen Tag auf deinem Schoß sitzen.« Claudia und Yvonne haben auch richtige Schoßhunde. »Kristall« und »Robby« bekommen extra Streicheleinheiten und genießen Privilegien. Sie dürfen mit den »Chabres« im Wohnwagen schlafen. Die anderen elf Hunde verbringen ihre Freizeit in den Tierboxen eines Lastwagens. »Wir sind tagaus, tagein mit unseren Hundchen zusammen«, stöhnt Yvonne. »Wenn wir aber mal ohne sie sind, dann ist es richtig leer, dann fühlen wir uns einsam und fremd.«

Es geht los. Die Truppe trippelt hinter den geschlossenen Vorhang. Jeder nimmt brav unter dem Blumenkranz auf seinem Hocker Platz. Der Vorhang geht auf, und die dunkle Bühne liegt plötzlich in gleißendem Licht. Lächeln. Es läuft wie am Schnürchen: übereinanderhüpfen, unter den Beinen durchlaufen, mexikanisch tanzen, seilspringen, Rampe hochklettern, runterrutschen.

»Mine«, die Kleinpudelakteurin, soll wie in jeder Vorstellung durch einen Reifen springen. Und wie immer ziert sie sich. Unentschlossen trippelt sie unter der hohen Hürde hin und her, den Blick immer auf den Ring gerichtet. Wieder setzt sie zum Sprung an, nein, Fehlanzeige. Sie tapst, tänzelt, trappelt auf der Stelle – und springt doch nicht. Die Spannung wächst. Endlich macht der kleine Kerl nun doch einen Riesensatz durch den Reifen. Rauschender Beifall.

Eine in Szene gesetzte Regieanweisung? Nein, hier hat ein Naturtalent inszeniert. »Mine« traut sich wirklich nicht zu springen, das Zögern ist nicht eingeübt. Der Hund darf seine Ängste auf der Bühne vorführen, und das Publikum ist begeistert. Vorhang.

Das letzte Kunststück macht »Tiffany« vorn an der Rampe. Der Vorhang ist geschlossen, damit die Bühnenarbeiter den Teppich wegräumen können. Der graue Kleinpudel macht Handstand. Einen Hinterlauf steil in die Höhe gereckt, den anderen eingezogen, setzt er eine Vorderpfote vor die andere. »Tiffany« zukkelt gerade über den letzten noch auf der Vorbühne liegenden Teppichzipfel, da wird ihr der Bodenbelag unter den Pfoten weggezogen. Bühne frei für die nächsten Artisten. »Tiffany« purzelt auf die harten Bretter, die die Welt bedeuten, und das Publikum findet es purzlig. Claudia lächelt, die Zuschauer lachen.
Wieder hinter dem Vorhang, bricht auch Claudia in Lachen aus: »Das Schöne an unserem Beruf ist, die Leute amüsieren sich über alles, auch über Patzer.« Und Yvonne sagt zu ihr: »Was meinst du wohl, wie die sich kugeln würden, wenn wir zwei ohne unseren Hundchen auf der Bühne stehen würden.« Dann wird sie nachdenklich. »Ich stell' mir das tatsächlich manchmal vor, ohne die Viecher, nein, schrecklich. Die Hunde sind unsere Existenz, unser Leben.«
Vorhang.

Warten auf den nächsten Akt

DIE SCHAU
DER SCHÖNEN

Warum darf Igor nicht mit der hübschen Anja glücklich werden? Warum muß er, nur weil er adlig ist und mit Nachnamen vom Hallerhook heißt, mit solchen wie Elfe von der Marschall-Höhe anbandeln? Ein Fall von Rassismus. Igor und Anja passen nicht zusammen, denn: Er ist Dackelmann, und sie ist Spitz. In den Kreisen der Hundechampions, die zu Schönheitsschauen zusammenkommen, ist Unzucht mit Andersartigen ein Frevel. Zucht, Ordnung und die 18 Paragraphen eines Deutschen Dachverbands sorgen dafür, daß Ingrid F. aus Neumünster ihre brave Spitzfrau Anja vom Lunapark niemals mit Igor durchgehen lassen würde. Nur Liebhaber unter ihresgleichen sind akzeptiert, damit die Sache mit den Blutlinien stimmt.

Glücklicherweise sind auch für Anja Kandidaten von Rang und Adel vertreten: Gestatten, Carlos von der Liskeshoeve; habe die Ehre, Danny vom Seerosenweiher; ergebenst, Lacky vom Elmdorf; küß die Pfote, Benni vom Schloßpark. Trotzdem schade. Wer hat sich bloß all den Schmarrn ausgedacht? Die am anderen Ende der Leine.

Eine weitergehende Frage bietet sich an: Welches Bedürfnis macht den Menschen zum Leinen- beziehungsweise Hundehalter? Die Antwort fiel Dortmunds Bürgermeister Anno 1984 genau im richtigen Moment ein. Er sprach es aus, als er gerade eine Veranstaltung mit dem aufregenden Namen »Bundessiegerzuchtschau für Rassehunde des Verbandes für das Deutsche Hundewesen« zu eröffnen hatte, bei der es ihm gelungen war, seine Westfalenhalle mit 4648 Top-Vertretern der Hundeoberschicht samt ihren Besitzern zu füllen: »Wie alle Bewohner eines großstädtisch dichtbesiedelten Ballungsraumes«, dozierte er, »haben es die Bürger in unserer Stadt nicht immer leicht, den unmittelbaren Kontakt zu ihrer natürlichen Umwelt zu pflegen. Darum findet gerade hier der Hund als Freund und Bindeglied zur Natur so viele Anhänger.«

Schön hat er das ausgedrückt, und sein Porträt ist zum Dank im »Bundessiegerzuchtschaukatalog« zu sehen. Das Foto eines Men-

Schild statt Treppchen – Bobtail bei der Siegerehrung

schen ist denen vieler, vieler verschiedener Hundearten vorangestellt. Der Bürgermeister kommt vom Typ her einer französischen Bordeauxdogge am nächsten.
Mit seiner Aussage hat er das Wesentliche getroffen. Der Anhänger (= Mensch) braucht ein Bindeglied, das er dann als Anhängsel am Bande herumführen kann, um das gemeinsame Ziel, die natürliche Umwelt, aufzusuchen. Aber eins ist damit noch nicht erklärt, die Rassefrage. Was hat der FCI, die »Fédération Cynologique Internationale«, damit zu tun, wenn sich der Bürger für den unmittelbaren Kontakt mit der Natur in Form eines Hundes entscheidet? Warum muß über drei Generationen in die Vergangenheit geschnüffelt werden, um die einwandfreie Abstammung des Genossen zu dokumentieren? Stubenreinsein reicht dem »Verband für das Deutsche Hundewesen« (VDH) noch lange nicht, jedenfalls nicht, um bei Schönheitskonkurrenzen aufzutreten. Rassereinheit ist gefragt. Und das heißt nicht, daß einer nur wie ein Dackel aussehen oder ein Dackel sein

Noch schaut der Nachwuchs zu

muß, um als Dackel akzeptiert zu werden. Er muß es nachweisen. Stammbaum, Zuchtbuch und Ahnentafel sind Pflicht. Wer Dackel sagt, hat sich sowieso schon disqualifiziert. Teckel heißt das, Kaninchen-Teckel, Zwerg-Teckel oder Teckel ohne Zusatz, jeweils wohlunterschieden nach langem, kurzem oder rauhem Haar. Und der »Deutsche Teckelclub e.V.«, gegründet 1888, ist der einzige vom VDH und FCI international anerkannte Verein, der daran etwas ändern könnte. Noch Fragen?

Manches ist seit 1888 anders geworden. Die Konstruktion des Idealhundes ist durchaus Modeströmungen unterworfen. Dackel sind seitdem in die Länge gezogen, Pardon, auf Länge gezüchtet worden, als ob sie zum Zentimeterpreis verkauft würden. Noch schlimmer ist der Schäferhund dran. Dem haben findige Designer ein Fließheck angestylt. Das Musterexemplar des Urschäferhundes, vor etwa hundert Jahren vom Rittmeister Max Emil Friedrich von Stephanitz geschaffen, war rechteckig mit gerader Rük-

Shar Peis faltige Stirn – kein Mißmut, sondern Zuchterfolg

kenpartie. Er mußte dem heute geforderten schnittigen Typus mit abfallender Rückenlinie weichen und hat sich dabei die Hüftgelenkskrankheit HD eingehandelt.
Bobtails, einst als Old English Sheepdogs wie der Schäferhund ebenfalls zum Herdenhüten geboren, schwitzen im Wohnzimmer im immer längeren Zottellook und verschließen die Augen vor lauter Frisur: »Haar: überreich, hart, zottig, das Gesicht verdeckend«, verlangen die Hundeführer und warnen den Besitzer: »aufwendige Haarpflege«. Und die kleinste Hunderasse der Welt, die Chihuahuas (Kennzeichen: »runder Apfelkopf«, Charakter: »anspruchsloser Begleithund«), nähern sich dem Hosentaschenformat. Schon heute sind sie als Halbpfünder zu haben, wenn auch ein Gewicht zwischen ein und zwei Kilogramm vom Käufer bisher bevorzugt wurde.

Warum das alles? Es gab da ein traumatisches Erlebnis in der Zweierbeziehung Mensch–Hund, das begann, als Forscher die These aufstellten, daß die schwanzwedelnden Lieblinge nicht ausschließlich vom Wolf, sondern auch vom Schakal abstammen. Meister Isegrim hat nie den besten Ruf besessen, aber immerhin ist er ein Raubtier. Daß ein aasfressender Schakal der Urahn von unserem so wölfisch herausgeputzten Deutschen Schäferhund sein soll, das tut weh! Da die Erstzähmung schon 15 000 Jahre zurückliegt, sind authentische Auskünfte kaum zu erhalten. Obwohl die Kynologen den Wolf als Ahnen rehabilitiert haben, bleibt die Schakalepisode unvergessen.
Nach dem Trauma kam der Trotz. Statt einzusehen, »Wenn schon Schakal, dann ist alles egal«, und die fröhliche Mischung aller Arten zu propagieren (Happy-End für Anja und Igor!), trumpfte Herrchen auf. Unter der Devise »Da woll'n wir doch mal seh'n, was Mensch aus Schakal alles machen kann« kamen die absonderlichsten Rassen auf den Markt, Karikaturen ihrer selbst. Zottelige Fledermausarten, Schaf- und Kälberverschnitte, zerknautschte Faltengesichter, tapsige Teddys, magersüchtige Windkanalmodelle, Reh-Maus-Mischungen,

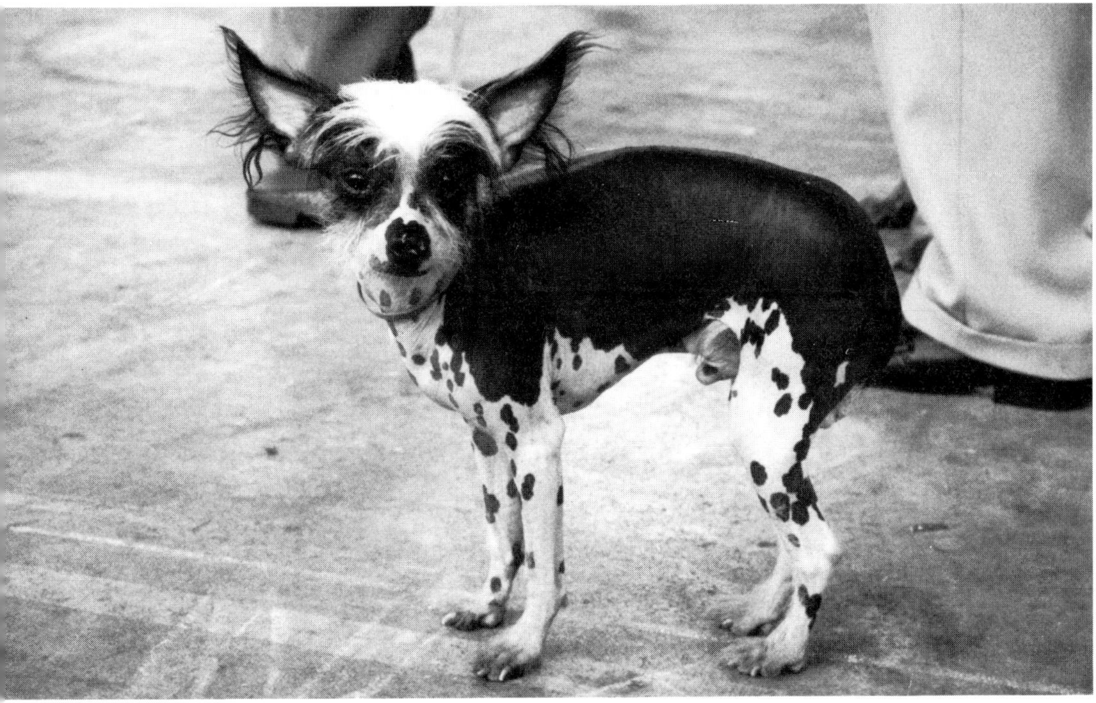

Hunde für alle Felle: nackt oder mit eingedrehter Fellpracht

bellende Briketts. Nur eine elitäre Minderheit hat heute noch die Gelegenheit, zuzubeißen oder irgendeiner Beschäftigung nachzugehen, die früher den Sinn des Lebens ausmachte: Die meisten Berner Sennerhunde werden sich zeitlebens nach dem Anblick einer Alm sehnen; der Jagdhund kennt röhrende Hirsche als Bild an der Schlafzimmerwand; der Schweißhund glaubt, sein Name habe etwas mit Deodorant zu tun; der Stadt-Dackel pilgert von einer Straßenlaterne zur nächsten und glaubt, Dachse seien ausgestorben. Huskies liegen allein auf der Couch, statt mit ihren Gefährten Hundeschlitten zu ziehen. Nicht einmal warnendes Bellen ist erlaubt; es könnte die Nachbarn stören. Was bleibt den schönen Arbeitslosen übrig, als sich wenigstens als Model zu präsentieren. Und das mit wohlklingendem Namen – statt Waldi und Struppi heißt der Hund, der etwas auf sich hält, Candida, Arpad oder Nyulfogo. Statt Pudel, Moppel, Dackel, Spitz führt Mensch exotische Spezialitäten mit sich herum: Saluki, Gammel Danske Honsehund oder Xoloizcuintle.

Sieger nach Punkten

Auf der Show ist Standard gefragt, nur Modelle, bei denen Länge, Höhe und Breite ins Raster passen, haben eine Chance, mit dem Prädikat »vorzüglich«, »sehr gut«, »gut« oder wenigstens »genügend« zu rechnen. Eine Herausforderung für die Züchter, so lange zu kreuzen und zu probieren, bis das Tier ins Schema paßt. Das jeweilige Erzeuger(=Ursprungs-)land setzt die rassischen Richtlinien. So haben die Deutschen nicht einmal das Recht, den Pudel über seine lächerlichen sechzig Zentimeter hinauszubringen, dafür sind die Franzosen zuständig. Deutsche Verbände dürfen dafür an Dackel, Boxer und Dobermann experimentieren und natürlich an Deutsch Drahthaar, Deutsch Kurzhaar, Deutsch Langhaar, Deutsch Stichelhaar, der Deutschen Bracke, der Deutschen Dogge, dem Deutschen Jagdterrier, dem Deutschen Wachtelhund und dem besonders Deutschen Schäferhund. Collies, Shelties und Setter bieten Eleganz *made in Great Britain,* doch die armen Engländer müssen sich auch mit den Maßen für Möpse und Bulldoggen

Eine rassige Zuchtschau macht hundemüde

PAL
556

Kopf hoch und dem Zuchtrichter fest ins Auge geschaut

herumschlagen. Alles will genau festgelegt sein: Gewicht und Farbauswahl, Schulter- und Scheitelhöhe, Rumpfbreite und Flankenmaß, die Länge von Vorderfuß und Keule und die Stellung des Schwanzes, der natürlich Rute heißt. Armer Cockerspaniel, der seine Rute »in die Höhe richtet«: Auf ein Drittel gestutzt muß die Cockerrute sein, »fröhlich« soll sie ausschauen und »geringfügig unter der Rückenlinie ansetzen«. Aber nicht zu hoch hinauswollen, no, no, das ist nicht die feine englische Art.

Whow. Oder wau. Und dann treffen sich alle. Frühjahr London, Sommer Nizza und San Remo, Herbst Dortmund. Cruft's Dog Show in England ist die größte ihrer Art – 10 000 Hunde, 100 000 Besucher. Exklusiv. Da darf sich nicht irgendein hergelaufener Hübschling aus dem Tierheim oder dem Zoogeschäft dazwischenschmuggeln.

Trotzdem – was könnte so ein Kongreß für eine Show werden! Concerto grosso in kläff-Moll unter der Leitung des Zuchtschaumeisters. Welcher Sound wäre möglich, wenn sich das rauhe Röhren der Labradore mit dem Koloratursopran der Yorkshire-Terrier ins Fortissimo steigern würde!

Statt dessen billige Fleischbeschau; nichts als Rassentrennung, Konkurrenz und Langeweile. »Jeder an der Zuchtschau teilnehmende Hund ist an dem durch die Zuchtschauleitung kenntlich gemachten Liegeplatz so zu befestigen, daß ein Entweichen ausgeschlossen ist«, heißt es in den Bestimmungen. Igor und Anja liegen isoliert hinterm Käfiggitter und warten. Die Stars dürfen »nur zur Bewertung durch die Zuchtrichter, zur Teilnahme am Zuchtgruppenwettbewerb und zum Lösen von den durch die Zuchtschauleitung kenntlich gemachten und dem Aussteller zugewiesenen Plätzen (Boxen/Liegeplätze) entfernt werden«. Äußerlichkeiten entscheiden bei den Miss- oder Mister-Wahlen in der Köter-Haute-Couture – wie überall auf der Welt. Oberweite, Taille, Frisur müssen stimmen. Was des Pudels Kern ist, interessiert hier keinen. »Es gibt keine einzige Hunderasse, deren ursprünglich ausgezeichneten seelischen Eigenschaften nicht vollständig vernichtet worden wären, sobald sie zur ›großen Mode‹ wurde«, hat Konrad Lorenz einmal gesagt. Aber Konrad Lorenz ist ein Ketzer, dem vielleicht seine dummen Gänse mit ihrem Geschnatter den Blick für die ästhetischen Qualitäten der bellenden Spezies verstellt haben!

Wie, bitte schön, sollte denn die Jury in der kurzen Zeit den Charakter prüfen? Es erscheint angebracht, in diesem Punkt nicht so dog-matisch zu sein wie beim Outfit. Ob ein Rhodesian-Ridgeback-Rüde länger als die vorgesehenen 68,5 Zentimeter oder schwerer als vierzig Kilogramm ist, können Zollstock und Waage entscheiden. Aber sein *Wesen* als »sehr feinfühliger, seinem Herrn und dessen Familie treu ergebener, unbestechlicher Schutzhund«? Nein, IQ-Erhebungen und Rorschachtests werden auch in den Zuchtwettbewerben der Zukunft keine Rolle spielen. Bösartigkeit wird allerdings bestraft. Wenn ein Ridgeback dem Rich-

Auch die Frisur muß stimmen

ter zeigt, daß er unterscheiden kann, wer zur Familie seines Herrn gehört, und ihm beweist, wie scharf seine Zähne sind, bekommt es seiner Karriere nicht.

Ring 52: Auftritt der Yorkshire-Terrier. Oder? Da tänzelt eine Frau an der Jury vorbei. Doch sie zieht noch etwas neben sich her. Am Ende der Leine hängt ein winziges braun-silber-graues Bündel. Beinchen schauen nicht unter der langen Fellpracht hervor, aber der Fellhaufen bewegt sich. Aus dem popogescheitelten Seidenfell schaut selbstbewußt ein Kopf hervor, mit roter Schleife im Haar. »Unsere Kleine läuft heute wieder richtig sexy«, triumphiert das Herrchen von dem Frauchen des Hundchens, außerhalb des Ringes stehend. Yorkies gelten als Hunde; wer es bezweifelt, kann in der FCI-Nummer 86 nachschauen. Die 1500-Gramm-Gewichte, die heutzutage über den roten Teppich trippeln, waren noch vor 50 Jahren stämmige Kerle

von der Größe eines Zwergschnauzers. Dann kamen sie in Mode. Der Yorkshire-Terrier mußte schrumpfen, nur die Haare durften immer länger wachsen. Inzwischen sind manche Hündinnen so klein, daß sie mit ihrem winzigen Becken keine Welpen mehr bekommen könnnen. »750 Gramm – da kann die Hündin zwar nicht mehr werfen«, sagt ein Besitzer, »aber sie wird ja auch nur ausgestellt.«
Der Trend zur Leihmutter ist vorgezeichnet. Vor ihrem Auftritt werden ihnen die Lockenwickler aus dem Fell gedreht, die sie brauchen, um ihr glattes, bis zum Boden herabfallendes Haar nicht zur Unzeit in Unordnung zu bringen. Das gibt Minuspunkte. Sie werden frisiert und parfümiert, bis sie eher nach Badezimmer als nach Hundedecke riechen und kein abstehendes Löckchen das Hochglanzfell verunstaltet.

Der große Auftritt zur Bewertung oder im Beiprogramm

Ganz nach vorn getänzelt beim Schönheitswettbewerb

Fast eine Schnauzerlänge vorausgehechtet beim Sechs-Beine-Rennen

Der Auftritt ist kurz: eine Tänzelrunde an der Leine, im mittleren Trab und umgekehrten Uhrzeigersinn. Knicks vor der Jury, Maul auf, Jacketkronen zeigen. 42 Zähne sind gefordert, Zahnstein bringt Minuspunkte. Bellen bringt Minuspunkte, Schwanzeinklemmen bringt Minuspunkte. Schlechte Frisur bringt Minuspunkte. Trippelschritte bringen Minuspunkte.
Sie zeigen Engelsgeduld, stoische Gelassenheit. Auf Altärchen, mit rotem Samt bezogen, stehen sie da und warten. Ihre Aussteller hokken hinter ihnen und warten auch. Das Gottesurteil steht bevor, der Siegerspruch oder der Knockout der Ringrichter.
Bürokraten sind da am Zug. Zuchtschauleiter, technische Leiter, Sonderleiter, Richter, Richteranwärter, Ringsekretäre und Zuchtschau-Ordner haben das Sagen. »Anatomische Defekte und Mängel« werden ausgespäht. Gnadenlos wird jeder »Überbeißer«, jede »Knickrute« geahndet. Kein »Senkrücken« und kein »Karpfenrükken«, weder »Kuhhessigkeit« (X-Beine) noch »Faßbeinigkeit« (O-Beine) bleiben dem Blick des Richters verborgen.

Keine Angst. Trotz allem gibt es Wundertiere, die es schaffen, die Note »V« vorzüglich zu erreichen. Irgendwer muß schließlich Jüngstensieger, Jugendsieger, Clubsieger, Jahressieger, Bundessieger, Europasieger, Weltsieger, Siegerchampion, Prüfungschampion, Alterschampion, Ehrenchampion, Deutscher Champion, Nationaler Champion oder Internationaler Schönheitschampion werden.
Insofern hat die Sache mit den vielen Rassen wieder ihren Sinn – je mehr Rassen, desto mehr Sieger und Champions. Je verrückter die Arten, desto näher die äußerliche Ähnlichkeit mit dem nächstbesten Mischling.
Der Trend dabei weg vom Rasta, hin zum Skinhead. Bullterrier, Mops, Pinscher sind »in«. Wer je einen chinesischen haarlosen Schopfhund gesehen hat, kann diese Entwicklung einer zutiefst humanen Regung zuschreiben, dem Mitleid. Dem Publikumsge-

schmack zuliebe experimentieren die Züchter, egal, ob kranke oder verkümmerte Wesen dabei herauskommen, die nur noch sehr entfernt einem Hund ähneln. Wenn alle gleich merkwürdig aussehen, wird sich ein Primus inter pares finden lassen; die Schau ist gerettet, die Zucht geht weiter.

Daß sich die edlen Tiere nicht mit Supermarktfraß abspeisen lassen, versteht sich von selbst. Die kulinarischen Bedürfnisse der Championanwärter werden auf der Hundeschau wesentlich differenzierter aufgespürt und befriedigt als die der menschlichen Begleiter. Während für Igor und Co. Personal im weißen Kittel bereitsteht, um medizinisch geschult Kostproben von Vollwertkost mit Vitamin K3 und Folsäure zwischen die Zähne zu schieben, futtert Frauchen Frikadellen.

Wenn alle Schüsseln leer sind und dem Mann, der die Pinkelpfützen aufwischt, das Sägemehl ausgeht, neigt sich die Show dem Ende zu. Anja vom Lunapark fährt zurück nach Neumünster. Igor ins Westfälische. Ein Hundeleben. Aber vielleicht sieht man sich noch mal, in Amsterdam oder so. Oder in den Ferien in der Hundepension. Da gibt es vielleicht eher eine Gelegenheit, sich näherzukommen . . .

Plauscht Frauchen, kommt man sich näher

ZUM JUNGE-HUNDE-KRIEGEN

Es ist zum Piepen, wenn die Kleinen anfangen zu piepsen«, sagt Anna Liesa Stahlberg. Die rundliche fünfundsechzigjährige Frau greift in die Welpenkiste, ein Kinderbett, an dem ein süßliches Hundeposter klebt, und holt ein kleines Wollknäuel hervor. Hundertneunzig Gramm pummeliges Zottelfell, mit kleinen, schwarzen Knopfaugen und Stupsnäschen, liegen wohlgenährt in der breiten Frauenhand. Kopf und Beinchen bewegen sich ungelenk und mechanisch, wie bei einem Aufziehspielzeug. Aus dem kleinen Körper kommen helle Klagelaute, als breche die Welt zusammen. Daß Essen das elementarste Bedürfnis aller Lebewesen ist, macht dieses Kerlchen durch seine Griesgrämigkeit deutlich. Und er zeigt mit aller Macht seinen Willen, einmal ein richtiger Hund zu werden.
Anna Liesa Stahlberg bettet den Welpen auf eine weiche, mit Häschen, Teddys und Hunden gemusterte Wickelunterlage für Babys und legt seine beiden Brüder dazu. Die Hundemutter, die derweil aufgeregt hin und her lief und quietschend auf sich aufmerksam machte, wird mit gekonntem Griff vom Boden gefischt und zu den Welpen gesetzt. »Diana Grace vom Seevetal« legt sich ergebenst auf die Seite und erlaubt sich, die jungen Mitglieder der pekinesischen Adelsfamilie zum Festmahl zu bitten. Earl Bumble, Ebony Prinz und Earl Phillip zeigen nicht gerade feine Tischsitten. Wie trunkene Maulwürfe krabbeln, taumeln, drängeln die plattschnäuzigen Fellhäufchen an die Zitzen. Mit achtzehn Tagen hat man noch keine Grazie, auch wenn man einen fürstlichen Namen hat.

Stille. Die Welpen saugen und nuckeln, und die Pekingesenhündin schaut gelassen zu. In dem Blick von Anna Liesa Stahlberg und ihrem Mann liegt etwas anderes. Sie haben sich dazugesetzt und betrachten die Hunde verträumt und schwärmerisch, als ob sie einer Liebesszene zuschauen. »Wir müssen aufpassen, daß der Dicke nicht zuviel bekommt«, sagt Anna Liesa Stahlberg. Earl Phillip hat sich im Laufe seines kurzen Lebens bereits kugelrund gesaugt. Er nimmt jede Zitze, die sich ihm bietet, während die anderen da eher wählerisch sind – und normalgewichtig. Täglich wiegt das Ehepaar Stahlberg die Welpen und führt über die Daten penibel Buch. Um das Zahnwachstum zu fördern, reiben sie den Kleinen vom siebten Tag an den Gaumen mit Zahnmittel ein. Für die Welpenmutter bereiten sie ein besonders nahrhaftes Futter zu.

In der Nacht kümmert sich meist Herbert Stahlberg um das Wohlergehen der jungen Hunde. Ihnen wird nichts geschehen, der achtundsechzigjährige pensionierte Kriminalhauptkommissar war früher für die Sicherheit von Helmut Schmidt zuständig. Statt als Bodyguard

Gedränge an den Zitzen

neben dem ehemaligen Bundeskanzler wacht er jetzt auf einer Klappliege neben der Welpenkiste. Alle zwei Stunden muß er die Welpen bei der Mutter anlegen. »Die Zeit vor und nach einem Wurf ist hier das ganze Haus in Aufruhr«, erzählt er. »Ausgehen gibt es dann nicht mehr für uns, alles dreht sich nur noch um Mutter und Kinder.«
Dann müssen die anderen sieben Hunde der Stahlbergs zwar etwas zurückstehen, aber die obligatorische Frühstücksrunde bringen die Welpen nicht durcheinander. Jeden Morgen sitzen sie zusammen am häuslichen Frühstückstisch im niedersächsischen Hittfeld, die Hunde und das Ehepaar Stahlberg. Auf der Küchenbank kauen die Pekingesen ihre morgendlichen Hundeleckereien. »Mit acht Hunden ist das Limit erreicht«, sagt Anna Liesa Stahlberg. »Wir finden Massenzucht schrecklich.«

Die Hundenamen hat die ehemalige Haushälterin der Märchenwelt entliehen (Ali Baba) oder der Traumwelt der Prominenz (Diana Grace nach der Frau von Willi Fritsch). Unaussprechlich ist: »Chinas Night Prinzess of the Pink Peking Prinzess«. Anna Liesa Stahlberg sagt kopfschüttelnd: »Wenn sie die ausschimpfen wollen, dann ist sie schon lange fort, bis man ihren Namen ausgesprochen hat.« Chinas Night Prinzess of the Pink Peking Prinzess wird deshalb schlicht Pünktchen gerufen.

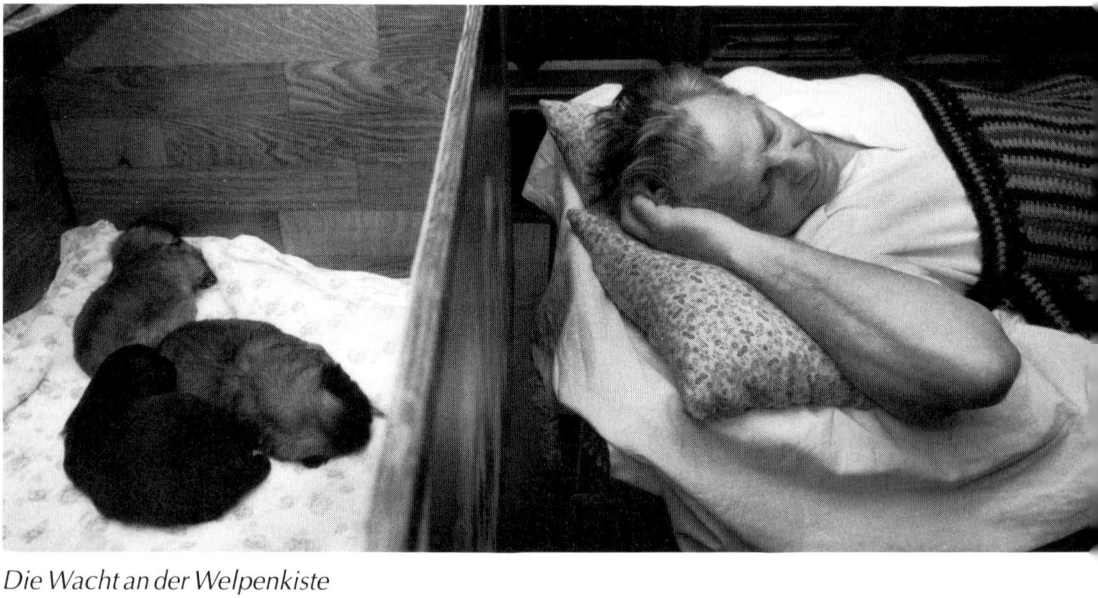

Die Wacht an der Welpenkiste

Anna Liesa Stahlberg prüft, ob Diana Grace ihre Mutterpflichten erfüllt hat. Sie reibt einen Welpen mit Watte am Po, und schon fließen weiche Exkremente heraus. Die Pekingesin hat die Welpen nicht geleckt, um damit deren Ausscheidung zu provozieren. Während die korpulente Frau am nächsten Welpenhintern scheuert, erzählt sie: »Pekingesen sind praktische Hunde. Sie gehen zu Hause auf die Zeitung und brauchen keine langen Spaziergänge – der Idealhund für ältere Leute.« Auch aus diesem Welpen plattert es, und sie fährt ungerührt fort: »Er ist ein Gesellschaftshund und kein Spielhund. Deshalb achten wir darauf, daß unsere Hunde an kinderlose Leute kommen, das sind wir dieser edlen Rasse schuldig.«

Zurück, Niesi! Bärchen, Pompilein, weg da!« ruft eine Frauenstimme. Die reetüberdachte Eingangspforte wird geöffnet, und da stehen die drei, knurrend, lefzend, drohend. So winzig und niedlich, wie ihre Kosenamen klingen, sehen sie nicht aus. Niesi, Bärchen und Pompi sind Hünen auf vier Beinen, Kolosse mit Rute – kurz, Mastiffs.

Die schlappohrigen Riesen haben ihre Spitznamen von Gisela Wolff-Wittenberg. Die neununddreißigjährige Besitzerin der Hunde wirkt zierlich zwischen den bulligen Burschen. Allein ihr Pompilein ist ein Hundertundfünf-Kilogramm-Hund. Mit mächtigem Kopf, muskulöser Brust, massigem Körper und riesigen Pfoten bewegt er sich wie ein Muskelprotz, der vor Kraft kaum laufen kann. Unverkennbar, in Pompi fließt Kampfhundblut. Eigenlicht heißt er Armstrong, und dieser Name scheint auf den ersten Blick besser zu passen.

Seine Vorfahren kämpften für Alexander den Großen in Arenen mit Löwen oder zogen für England in den Krieg gegen die Römer. »Wilden Mut und Kampfeslust« schrieb man 1550 den Mastiffs zu. Und 1637 berichtete Aldrovandus über diesen Kriegshund: »... seine Stimme füllt die Wälder mit drohendem Gebell, es entsteht der

Eindruck, als stoße er Feuer aus seiner Nase und seinen Augen ...« Heute gibt es in der Bundesrepublik etwa hundert Exemplare dieser seltenen Rasse. Für die einstmals zum feuerspeienden Drachen hochstilisierten Kampfhunde ist der Schlachtenlärm seit langem verhallt.

Gisela Wolff-Wittenbergs Mastiffs kämpfen nur noch mit der Müdigkeit. Sie haben es sich auf der Couch bequem gemacht, lümmeln sich im Bett oder haben sich im Flur hingestreckt. Nein, Kampfhunde sind sie nicht. Sie lassen sich genüßlich von jedem streicheln, sind viel zu bedächtig, um unnütz in der Gegend herumzukläffen. Aggression? Ein schwieriges Fremdwort, viel zu schwer auszubellen! Armstrong ist der Sanfteste von ihnen. Vielleicht paßt Pompi doch besser zu ihm?

Plötzlich springen die drei sabbernden Großmäuler auf. Draußen auf dem Gehweg läuft jemand hektisch vorbei. Wie eine Elefantenherde donnern sie innen am Zaun entlang, und es ertönt ein röhrendes Gebell, auf daß der Läufer bis auf das Mark erzittere und bloß nicht wage, das Grundstück zu betreten. Nein, knuddelige Schmusebärchen sind die Mastiffs auch nicht.

»Mastiff of the Cheviot Hills« heißt der Zwinger von Gisela Wolff-Wittenberg. Die Cheviot Hills erheben sich nicht etwa im englischen Hochland, sie sind ein flaches Grundstück im schleswig-holsteinischen Norderstedt. Der englische Name ist passendes Markenzeichen für die feine englische Herkunft der Mastiffs. Unzutreffend ist allerdings die Bezeichnung Zwinger. Gisela Wolff-Wittenbergs Hunde haben keines dieser Hundegehege je von innen gesehen. »Mastiffs werden im Zwinger entweder zum Trottel oder zur Bestie«, erklärt Gisela Wolff-Wittenberg. Sie legt Wert auf das Prädikat: keine Zwingerhaltung. Für sie ist es ein Qualitätsmerkmal jeder guten Zucht.

»Zwingerwelpen weinen oft und sind zuwenig mit Menschen zusammen. Hunde, die in diesen Drahtkästen aufwachsen, können gar nicht so wesensstark und menschenfreundlich sein wie Hunde, die in

Kampfhund oder Schmusehund?

der Familie aufgezogen werden«, meint Gisela Wolff-Wittenberg. Ihre Mastiffwelpen verfügen über ein eigenes »Hundehaus«, ein Nebengebäude des Einfamilienhauses, mit allem Komfort: Riesenwärmelampen und Riesenkiste für Riesenhündin und Riesenbabys. Das Hundehaus ist auch mit Fernsehgerät, Kühlschrank und Bett ausgestattet. Nicht für die Hunde, für Gisela Wolff-Wittenberg. Sie schläft acht Wochen lang bei den Welpen, bis sich erahnen läßt, daß aus den Kleinen einmal Kolosse werden. Dann beginnt der schwierige Teil der Zucht, der Verkauf.

Hundekauf ist Vertrauenssache, Hundeverkauf ist es auch. Die einen suchen einen aufrichtigen Hundezüchter, die anderen einen aufrichtigen Hundebesitzer. Der Findungsprozeß der Kontrahenten wird selten durch Zeitungsanzeigen herbeigeführt. Kontakte machen das Schicksal kalkulierbarer. Bei der Begegnung benehmen sich Kaufinteressent und Züchter wie Hunde, wegen der Hunde. Sie beschnuppern und beäugen sich, umkreisen einander. Mancher merkt erst später, daß Zweibeiner gute Schauspieler sein können.

Ein Fall aus Züchtersicht: »Da hat mir doch eine Frau rührende Geschichten erzählt, wie gut es der Hund bei ihr hätte. Und wie sieht jetzt sein schönes Zuhause aus: Hormone werden verabreicht, und gnadenlos wird mit dem Tier gezüchtet, trotz Zuchtsperre. Die zehn Welpen mußten am Tropf aufgezogen werden«, schimpft Gisela Wolff-Wittenberg, die das für viele Käufer unbekannte Wesen Züchter in zwei Klassen einteilt: in die ehrlichen Züchter und in die rücksichtslosen Vermehrer.

Gewaltzüchtung ist ein rotes Tuch für die Mastiffzüchterin, die früher auch Boxer züchtete. Sie hat immer noch einen Hund dieser Rasse. Der Boxer Exon ist in den Augen der Rasseschaurichter ein bildhübsches Tier. Er hat alles, was für eine erfolgreiche Zuchtkarriere nötig ist: die begehrten roten Papiere, einen vorzüglichen Standardkörperbau und ausgezeichnete Zähne. Nur eines

hat er nicht, und das ist für Gisela Wolff-Wittenberg das wichtigste: eine gesunde Psyche. »Der hat 'nen gehörigen Knacks, ist ein neurotischer Angstbeißer«, stellt sie fest. Exon bekommt keine Gelegenheit, seine Wesensschwäche zu vererben. Schnellverdiente Deckgelder locken sie nicht, trotzdem mit dem Rüden zu züchten.
So bissig Gisela Wolff-Wittenberg auch gegen die Vergewaltigung des Hundes als Zuchtobjekt wettert, verbissen ist sie nicht. Die Zuchtschau-Sonderleiterin und Zuchtrichterin für Mastiffs agierte auch als Kamerafrau bei einem familiären Videofilm. Darin werden die Aktivitäten der »MVP«, der »Mastiff-Vernichtungs-Partei«, dargestellt. Der Sohn des Hauses fordert, mit Säbel und Stahlhelm bewaffnet, die Ausrottung der Mastiffs. Und die Vierbeiner spielen überzeugend – sie machen sich aus dem Staub. Ein Film-Machwerk, das die Lachmuskeln mancher Mastiffzüchter strapazierte. Humor ist, wenn man trotzdem züchtet.

Ruhe jetzt, Kinder«, ruft Joachim Weinberg in eines seiner Hundezimmer. Das aufgeregte Kläffen wird leiser. Um ihn herum wuseln Exoten: Chihuahuas, Pommeranian, haarlose Schopfhunde und Shar-Pei. Dreißig Hunde leben mit ihm in seinem großen Bungalow auf einem Parkgrundstück im Ehestorfer Wald. Das Wohn-

Zwei Handvoll Exoten

zimmer ist ein Sammelsurium aus lauter Kleinoden: Porzellanväschen, kleinen Tierfiguren, Messingschächtelchen, Silbergeschirr, Bücher. Joachim Weinberg liebt das Winzige. Die meisten seiner bellenden Kleinode sind eine Handvoll Hund. So nennt er seinen Zwinger auch »El Chiquitin« (Der Winzigste).

Die kleinen Hunderassen haben Joachim Weinberg bei Rasseschaukennern groß gemacht. 22 Weltsiegertitel, unzählige internationale und nationale Championtitel haben ihm seine Hunde eingebracht. Una Danza Bianca, Una Prima Ballerina, Ulanowa oder Wazlaw (Nijinski) nennt er seine Tiere. Mit diesen aus dem Ballett entlehnten Namen tänzeln sie heute durch internationale Hundeschau-Ringe, weil Joachim Weinberg früher selbst Solotänzer an der Hamburger Staatsoper war. Hunde sind sein »zweites Sprungbein« geworden, er wechselte von der Ballettkarriere zur Züchterkarriere über. Als Tänzer kann man nur als junger Mensch auftreten, auf Rasseschauen kann man das in jedem Alter.

»Weil ich seit 26 Jahren züchte, bin ich bekannt wie ein bunter Hund, auch wegen meiner bunten Hunde«, sagt der Pionier exotischer Hunderassen mit selbstsicherem Lächeln. Am Anfang seiner Züchterlaufbahn sagte er sich: »Meine Hunde müssen etwas ganz Seltenes sein.« Joachim Weinberg holte die ersten Chihuahuas mit seidigem langem Fell nach Europa. Seine Devise »Im Blindenheim ist der Einäugige König« bewahrheitete sich. Auf der Rasseschau wurden seine seltenen Hunde Champions, und er wurde zum Fachmann dieser Rasse.

Chihuahuas, die zierlichsten Knirpse unter den Hunden, sind für ihn die Größten. Weil sie mit ihrem Zwergenwuchs einen Riesenmut aufbringen, nennt er sie: »The little biggest watchdogs« (Die kleinen größten Wachhunde). Joachim Weinberg brachte auch die ersten langhaarigen Zwergspitze (Pommeranian) nach Deutschland, und er war der erste Europäer mit einem chinesischen Shar-Pei. »Ich habe einen Hundefimmel«, sagt er.

Hunde mit Durchblick auf dem Weg zur Ausstellung

Auf einen chinesischen haarlosen Schopfhund stieß Joachim Weinberg bereits 1943 im Wiener Prater. Als Attraktion eines Raritätenkabinetts in einen kleinen Käfig gesperrt, entdeckte er ein zitterndes Häufchen Nackthund und war fasziniert. Als er, Jahre später, diese Rasse in der berühmten »Cruft's Dog Show« in England wiedersah, mußte er einen solchen Hund haben. Den ersten Nackthund Deutschlands bekam er dann von der Nackttänzerin Gypsy Rose Lee, für die das Musicallied »Gypsy Rose« komponiert wurde.

Die dürren Nackthunde mit rauher Gummihaut, die breitschnauzigen, faltigen Shar-Pei, die winzigen Fellbündel – er liebt sie und kann sich nicht vorstellen, daß jemand diese Hunde nicht hübsch findet. »Das ist mein Schönheitsideal«, sagt Joachim Weinberg. »Ich kaufe geschliffenes Glas, höre geschulte Stimmen und sehe mir begabte Tänzer an, also will ich auch besondere und durchgezüchtete Hunde.«

Seine extravaganten Shar-Pei, »die fetten Mädels«, liegen abends, wenn er es sich auf seinem Ledersessel bequem macht, zu seinen Füßen. »Irgend etwas in uns füllen Hunde aus«, glaubt Joachim Weinberg. »Es ist ein gutes Gefühl, daß der Hund immer für mich da ist, daß ich ihn besitzen kann – aber der Spruch ›Was der Mensch nicht gab, fand ich im Hund‹ ist Blödsinn.« Nicht im Hund, sondern durch den Hund fand Joachim Weinberg eine neue Welt, eine neue Aufgabe, eine neue Art, sich zu präsentieren. Er meint: »Züchten und Ausstellen ist eine Sucht.«

Das weite Land ist in einen Nebelschleier gehüllt. Vom Wassergraben um das Gut herum steigen weiße Schwaden auf. Herrenhaus und Stallungen sind in zartes, fahles Licht getaucht. Auf dem Gutshof ist es still und leer. Eine der Türen öffnet sich, zwei junge Wippets purzeln ungestüm heraus und zerren an ihren Leinen. Die Schnüre fest in der Hand, einen dritten Hund auf dem Arm, tritt Irene von Twickel über die Schwelle. Die zweiundsechzigjährige Gutsbesitzerin bringt ihre Junghunde in den Auslauf. »Ohne Leine würde die springlebendige Bagage über das weitläufige Gelände sausen und kaum wieder zurückzuholen sein«, sagt sie. Verspielt hüpfen die Wippets durcheinander, rennen turbulent hin und her, hetzen raschelnden Blättern nach und verheddern sich mit ihren Leinen. Mit leidenschaftlicher Neugier in den hellwachen Augen drängen die drei Monate alten Tiere, die unbekannte Welt zu entdecken.

Wie es einem Windhund aus ihrer Zucht bei einer längeren Entdeckungsreise erging, berichtet Irene von Twickel: »Nachdem ich die junge Hündin Karin verkauft hatte, riefen mich völlig verzweifelt die neuen Besitzer an und erzählten, daß sie ihnen bereits am ersten Tag entlaufen ist.« Die Züchterin fuhr sofort hin. Karin hatte sich acht Tage lang in einem riesigen Kornfeld versteckt und nichts gefressen. Verängstigt, hatte sie sich nicht locken und einfangen lassen. Mit einigen flinken Sätzen war der Rennhund immer wieder den lahmen Zweibeinern ins weite Ährendickicht entwischt. Unter den Augen einer großen Zuschauermenge, die sich um das Feld versammelt hatte, nahm Irene von Twickel die Suche auf. Nirgendwo war der Hund zu entdecken, doch sie hatte Glück. Plötzlich tauchte eine spitze Windhundnase mitten im Kornährenmeer auf. Karin hatte der Wind eine bekannte Witterung zugetragen. Angelockt vom vertrauten Geruch ihrer Züchterin, ließ sich die Hündin dann wieder an die Leine nehmen.

Die jungen Wippets aus Irene von Twickels Zwinger »Auf den Baumbergen« haben auf dem Gut »Haus Hameren« im Münsterland ein eingezäuntes Gelände für sich, großzügig bemessen wie alles hier. In ihrem Auslauf leben sie ihren unbändigen Bewegungsdrang aus – ein Hexenkessel. Stürmisch quirlen sieben kleine Windhundtemperamente durcheinander, schnellen leichtfü-

ßig in die Höhe, jagen sich in geschmeidigem Lauf und springen mit einem Satz übereinander.
Die lebhaften Hitzköpfe stammen aus zwei Würfen, sind drei und vier Monate alt. Zweieinhalb Jahre zuvor sind die letzten Welpen im »Haus Hameren« zur Welt gekommen.
Trotzdem hat Irene von Twickel bereits das Alphabet durchgezüchtet. Jeder Wurf mit einem neuen Anfangsbuchstaben, Hundenamen von Alice bis Zirpe. Die Namen der beiden neuen Würfe beginnen mit D und E.

Auf die Wippetzucht kam Irene von Twickel durch Zufall. Sie peppelte einen zugelaufenen, herrenlosen Wippet, verletzt und klapperdürr, wieder auf. Bezaubert von der Schönheit und Eleganz dieser Rasse, begann sie vor etwa 35 Jahren damit, Hunde zu züchten, die sie aus guten Zwingern erstanden hatte.
»Weil es schön ist zuzuschauen, wie die Natur immer wieder neues Leben gibt«, erklärt sie. Wichtig ist für sie auch, am späteren Leben ihrer Schützlinge teilzuhaben, zu erfahren, ob es ein guter Rennläufer oder ein Schönheitschampion wird.
Sie selbst geht nicht gerade mit Begeisterung auf Hundeausstellungen. »Das ist anstrengend. Manchmal macht es Spaß und manchmal auch nicht«, sagt sie. »Aber damit die Hunde angekört werden, muß ich es halt machen. Sonst darf ich mit ihnen nicht züchten.« Ihre Hunde sind auch nicht gerade begeisterte Hundeschau-Spieler. Kommen sie vom ruhigen Landleben in das hektische Mensch-Tier-Gewimmel einer Ausstellung, reagieren sie nervös. Irene von Twikkel staunt, wie mancher vierbeinige Showstar mit stoischer Ruhe im Ring stehen kann. Doch auf Stillstehen will sie ihre Wippets nicht trimmen. »Man muß Hunde natürlich halten«, sagt sie.
Die drei Zuchttiere, die siebenjährige Zikade, ihre zweieinhalbjährige Tochter Bouclé und der zehnjährige Rüde Xenius, leben mit Irene von Twickel im Herrenhaustrakt, als Familienmitglieder und nicht als Zuchtobjekte.

Züchterin und Zuchttiere beim Spaziergang

Erste Ausblicke auf die Welt hinterm Draht

Wenn die Wippets nicht in den weitläufigen Parkanlagen des Gutes umhertollen, liegen sie still, kaum spürbar im Haus. Neben dem Hundekörbchen: Intarsienanrichte, Kanapee, geschnitzte Truhe, goldverzierter Spiegel.

Im traditionsreichen, erlesenen Interieur stört kein technisches oder modisches Inventar das Bild. Überall Hundemotive oder Jagdszenen mit Hund, auf dem bestickten Kissen, dem gußeisernen Ofen, auf Ölgemälden und Radierungen oder als Porzellanfiguren.

Ebenso wie Irene von Twickel, die einem alten freiherrlichen Geschlecht entstammt, sind die Wippets von feiner Herkunft. Diese edle Rasse weiß, was sich gehört. Ungehöriges Kläffen verbietet sich. Gebellt wird nur, wenn jemand an der Tür klopft. Benimmt sich der Gast zuvorkommend, ist man es auch. Schwanzwedelnd bringen die Wippets jedem ihre tolerante Lebensart und ihr freundliches Wesen entgegen.

»Meine Hunde können sich mehr erlauben als mancher Mensch«, sagt Irene von Twickel, schiebt aber Zikade beiseite, die sich auf ihren Schoß legen will. Statt dessen streichelt sie dem Hund liebevoll über den schmalen Kopf und fährt fort: »Sie haben sich auf mich eingestellt und ich mich auf sie. Ein Leben ohne Hunde könnte ich mir gar nicht mehr vorstellen.«

Manches am heutigen Trend zum Hund sieht sie als bloße Vermarktung: »Furchtbar, diese Hundefabriken. Da wird in Massen gezüchtet, manchmal nur, damit Frauen ein neues Aushängeschild haben, farblich passend zum Pelzmantel.« In unserer technisierten Welt ist für Irene von Twickel, die seit ihrer frühesten Jugend mit Tieren zusammenlebt, etwas verlorengegangen: das Verhältnis zur Natur, die Sensibilität für das Tier. »Jeder Hund ist ein eigenes Individuum, in dessen Psyche man sich hineindenken muß. Aber manche Leute glauben, Hunde sind wie ihre Automaten. Man drückt auf einen Knopf, und schon funktioniert es. Sie merken nicht, daß ein Hund keine Waschmaschine ist.«

DIE FLINKEN FLITZER

Greyhound-Endlauf in Hamburg-Farmsen, dem ältesten Rennplatz der Republik.

Ein Motor wird angeworfen. Der Köder setzt sich surrend in Bewegung, gewinnt an Geschwindigkeit und fegt im Kreis herum. An den Startboxen vorbei. Die Klappe geht hoch – mit einem Riesensatz fliegen die »Greys« aus den Käfigen, angefeuert vom Gekläff und Gejaule der in den Vorrunden ausgeschiedenen Konkurrenz. Noch sind die sechs spitzen Nasen fast auf gleicher Höhe. Dann fällt »Black Pearl of thousand fire«, trotz ihrer Position auf der vielversprechenden Innenbahn, leicht zurück, während sich Nummer 2 und 5, »For Joke« und »Fairplay«, Brüder aus Nienwohld bei Oldesloe, an die Spitze schieben. Nummer 4, »Nifty's always kind«, könnte noch Chancen haben. Nein! »Fairplay« siegt mit 29,9 Sekunden vor »For Joke« mit 30,1 Sekunden.

Die Sieger strecken zufrieden und erschöpft hechelnd der abgeschlagenen Konkurrenz die Zunge heraus. Frauchen steigt stolz mit ihnen aufs Podest und heimst Pokale ein. Ihr einundzwanzigjähriger Sohn Bernd schreit sein Glück in die Sommerhitze: »Wahnsinn, ja, jaa, jaaa!!!«

Die Konkurrenz will studiert sein – aber was geht's ihn an

Warum laufen sie so schnell? Vielleicht, weil man sie dabei kaum noch erkennen kann. Optisch sind sie nämlich ein Flop. Oben der schmale Rehkopf mit den Fledermausohren. Darunter der superbreite Angeber-Brustkorb. Hinten die schmale Taille. Das Ganze auf staksige Gakelbeine drapiert und mit einem zu langen Schwanz verziert, der sich meistens albern aufrollt. So ähnlich präsentieren sich Greyhounds und die anderen aus der Windhundfamilie.

Erst in der Kombination ergibt die Sache einen Sinn. Die Fügung der Einzelteile dient einem höheren Ziel: der Geschwindigkeit. Windhunde versinnbildlichen nicht ästhetische, sondern technische Schönheit. Sie verkörpern die »aerodynamische Zweckform«, die »Idealform der Windschlüpfrigkeit«, wie ein Fachbuch preist. Klar muß die Brust breit sein, wie sollen sonst ein Kilo Herz und ein gutes Pfund Lunge darin Platz haben? Dafür soll der Rest möglichst wenig wiegen – jedes Gramm zuviel stört beim Tempomachen. Und das schaffen sie. Die Besten sind mit siebzig Kilometern je Stunde dabei. Die 480-Meter-Distanz schafft selbst der Amateur »Fairplay« mal eben in einer halben Minute. Dagegen sieht der zweibeinige Weltmeister fußlahm aus. Lee Evans brauchte für achtzig Meter weniger dreizehn Sekunden mehr.

In England wetzen Greyhounds für bis zu zehntausend Pfund Siegprämie um die Arena, angefeuert von Männern mit Cockney-Akzent, die für sie ihre letzten Pennies verwetten. Fünfzigtausend Zuschauer brüllen sich in London die Seele aus dem Leib, wenn in White-City die Vierbein-Profis ums Derby kämpfen.

Auf den dreißig deutschen Rennplätzen geht alles zwei Nummern kleiner zu. Gewettet wird nicht. Das Grüppchen von Hundebesitzern trifft sich in der Arena, damit die Lieblinge das machen können, was sie am liebsten tun – laufen, bis ihnen die Zunge zum Hals raushängt. Hierzulande dürfen nicht nur Greyhounds, sondern Windhunde aller Größen und Sorten flitzen: Afghanen, Barsois und Magyar Agars, die

3

Die Greys fliegen aus den Startboxen

kleinen Wippets, die großen Salukis und noch ein paar andere ausgefallenere Arten, allerdings gibt es kein Mixed, die Rassen messen sich getrennt.
Das Zuschauerinteresse ist geringer als in der Heimat des Greys, dafür bleiben bei den Amateurrennen die Nebeneffekte aus, die in Großbritannien, Australien und den USA zum Zug kommen – wie immer, wenn Sport mit Geschäft gekoppelt ist: Intrigen, Absprachen, Doping.
Und die höheren Werte fehlen. Ein Lied läßt ahnen, daß es bei den Wettläufen um noch etwas anderes gehen kann als um ein bißchen Spaß, Wettleidenschaft und Geld. Um die Ehre der Nation.

»Eighteen sixty nine being the date of the year
when those Waterloo sportsmen and more did appear
to gain the great prizes and to bear it awa'
never countin' on Ireland and Master McGrath . . .«

So besingt die berühmte irische Ballade vom »Master McGrath« jenen kleinen, schwarzen Greyhound mit weißer Brust, der zwischen 1868 und 1871 dreimal den Waterloo-Cup gewann. Elf Strophen lang muß er die Spötteleien der Engländer über sich ergehen lassen, daß er gegen ihre Favoritin *Rose Of England* auf englischem Boden keine Chance habe, bis er triumphieren kann: *»›We've beaten the Saxons!‹ said Master McGrath.«* Die Iren dankten es ihm und setzten ihrem Helden zwei steinerne Denkmäler.

Viel Wirbel um einen Sport, der darin besteht, sich ferngesteuert an der Nase herumführen zu lassen. Mit einer »Renndecke« verziert, hetzen die Hunde gegen höchstens fünf Artgenossen im »Doppel-U-Endlosoval« 480 Meter hinter dem »Hasen« her. Ein falscher Hase, eine Attrappe aus zusammengebundenem Lammfell, das an einer Art Angel fernbedient und motorgetrieben zehn bis dreißig Meter vor dem ersten Hund hersaust.
Der Geruch interessiert die Verfolger nicht, trotz ihrer spitzen Nasen.

Im Gegensatz zu allen anderen Hunden sind die Windhundrassen »Augenjäger«, sie orientieren sich optisch. Blick voraus statt schnüffeln nach unten, das schafft wertvolle Sekunden.

Tierquälerei? Im Gegenteil – reines Vergnügen, versichern die Veranstalter. Das Rennen liegt den Tieren im Blut – keiner könnte sie gegen ihren Willen in die Startbox pressen und zum 480-Meter-Sprint bewegen. Wer sie sausen sieht, glaubt's. Endlich mal ebenbürtige Gegner und nicht die lahme Gangart, selbst wenn Herrchen sich auf dem Fahrrad abstrampelt.

Fairneß ist Pflicht, Drängeln und Schubsen sind verboten, »beißende« Kommentare verwehrt der Drahtmaulkorb. Sogar die Hündinnen mit den unheilverkündenden Namen »Annabelle le Malheur« und »Danger Lady the Grashopper« benehmen sich in der Farmsener Arena mustergültig. Die Besitzer nehmen die Sache unterschiedlich ernst. »Fein hast du das gemacht, bist letzter geworden«, lobt eine junge Frau ihren schwanzwedelnden Afghanen, eine andere feuert ihren Favoriten rüde an: »Lauf, lauf, lauf, sonst kommst du in die Suppe!«

Mit siebzig Sachen dem falschen Hasen nachgejagt

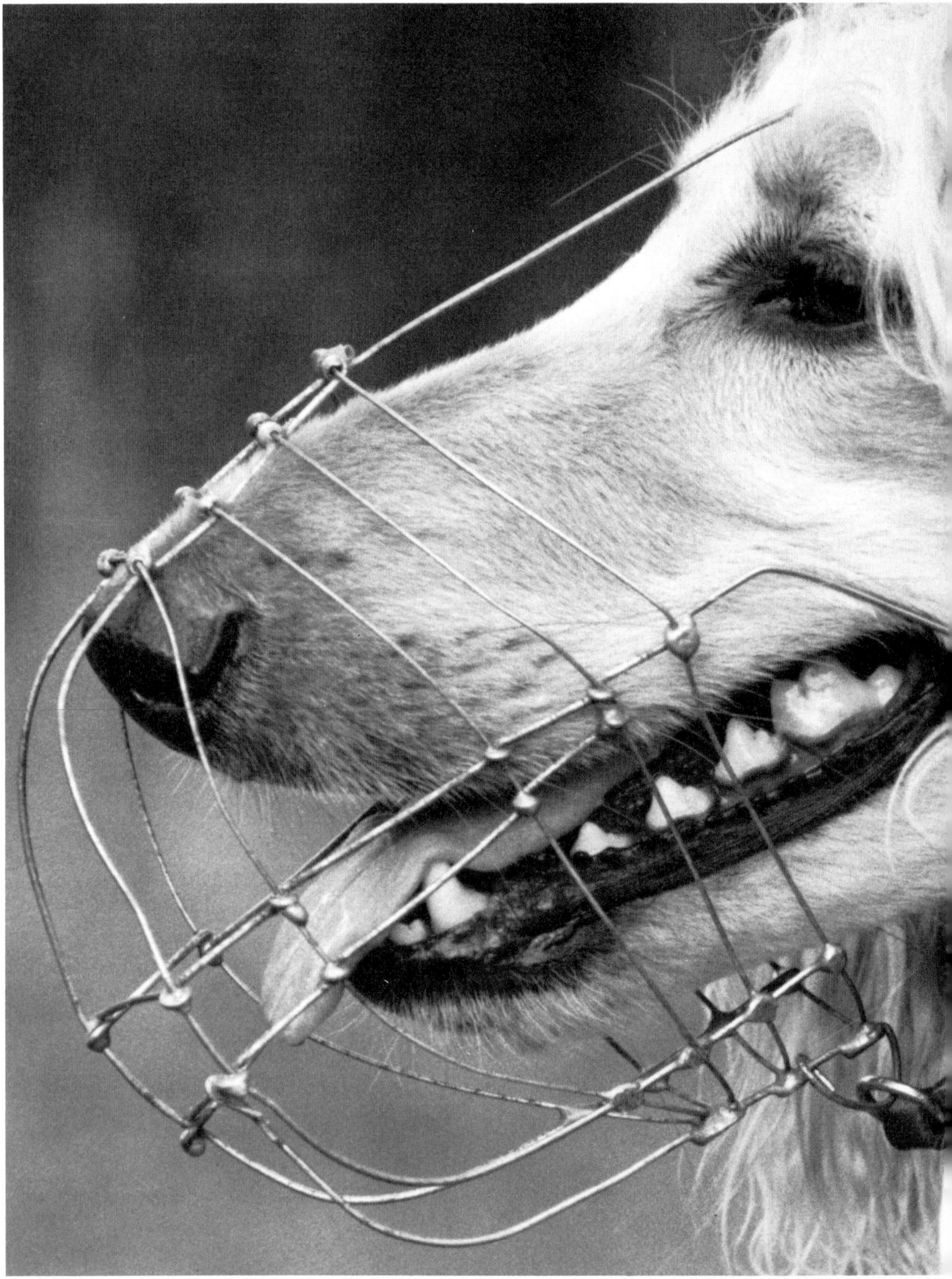

Nicht nur Afghanen gehen mit einem Drahtmaulkorb ins Rennen

Der Renntag ist vorbei, »Tscharodje's Czar Nicolai«, »Nelson vom Sonnenhügel«, »Illios of High Society« und »Camaro el reshna hadi« sind mehr oder weniger zufrieden. Endlich ausgetobt und die eine oder andere goldverzierte Renndecke mit nach Hause gebracht. Aber heimlich träumen sie von dem besseren Leben ihrer Vorfahren. Jahrtausendelang mußten die sich nicht mit einem Fellumpen zufriedengeben.
Schon um 3800 vor Christi Geburt finden sich Abbildungen ihrer Ahnen auf Schalen und Wandbildern bei der Jagd auf Hasen, Gazellen und Antilopen. In Mesopotamien, Ägypten und Griechenland waren sie zu Hause. Schon früh kam zur Beutejagd der Wettkampfgedanke: »Ein wahrer Jäger geht mit seinen Hunden nicht darauf aus, Hasen zu erwischen, sondern er geht auf die Jagd des Wettstreits zwischen Hase und Hund wegen und um diesen zu trainieren; er ist

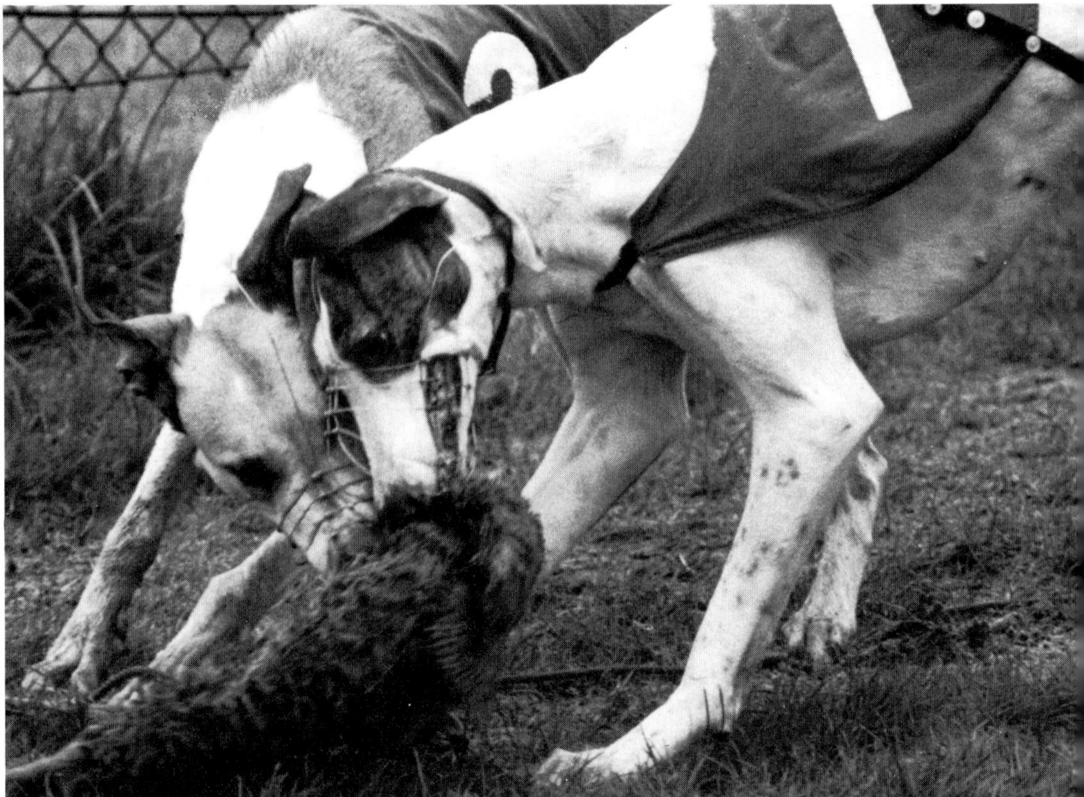

Erfolgserlebnisse: Hund erfreut sich am falschen Hasen . . .

auch zufrieden, wenn der Hase entwischt«, verkündet Flavius Arrianos im alten Rom. Einen argen Nachteil hatte die alte Zeit – die strengen Herrchen waren hartherzig, wenn es ums Essen ging. Kein Vitamin, kein Protein, kein magerzartes Muskelfleisch. Im Jahr 1724 schreibt Fleming in »Der vollkommene teutsche Jäger« über die Windspiele: »Diese Hunde haben ihren Namen wegen ihres schnellen Laufens, daß sie gleichsam als die Winde fortfliehen und weit geschwinder als andere laufen. Sie sind zart, rahn und lang von Schenkeln, schmal von Leibe und mager, so alles zum Laufen dienlich ist. Bei ihrer Auferziehung müssen sie nicht allerhand dicke Suppen, Milch oder dergleichen Geschlapper zu fressen kriegen, wovon sie nur dicke Bäuche bekommen, und ja keine Knochen, sondern nichts anderes als trocken Brot und Wasser, welches ihnen am allergesündesten . . .«

. . . der Mensch über die Plazierung

HUNDESPORT

Kurt Lazarus kommt schnell zur Sache. »Mein Hund«, sagt der fünfzigjährige Maschinist, »der geht bei Ihnen auf'n Schoß. Der freut sich.« Ich blicke betont freundlich zu Alf vom Hamburger Michel, der hechelt und kontaktfreudig mit dem »schön kurz kupierten« Stumpf seiner Rute wackelt. Ich weiß nicht: Der Rottweilerrüde wiegt 130 Pfund, kaum weniger als ich. »Und wenn ich sag': ›Das ist der Bösewicht‹«, fährt Kurt Lazarus seelenruhig fort – Alf wedelt nicht mehr mit dem Schwanzstumpf, stellt statt dessen die Ohren hoch –, »dann frißt er Sie auf. Buchstäblich.« Kurt Lazarus macht eine Pause, blickt mich an und sagt dann: »Buchstäblich beißt der Ihnen den Arm ab. Wenn ich dem Hund befehl', Sie anzufallen, dann macht er das, egal, was Sie tun.«

Daß Hundebesitzer sich ihr Selbstwertgefühl über die Kraft und Aggression ihrer Schützlinge holen, verneint Kurt Lazarus zumindest für sich. Der kleine, muskulöse Mann reckt sich in seinem rotblauen Trainingsanzug auf und sagt bestimmt: »Ich brauch' keinen Hund, der mich beschützt. Ich bin bis 1972 Hamburger Meister im Ringen gewesen, griechisch-römisch und Freistil. Und wenn Sie mir ans Leder wollen, dann kriegen Sie von mir was auffe Ohren. Da brauch' ich keinen Hund zu.«

Kurt Lazarus ist eines der rund 130 Mitglieder des »Vereins für Gebrauchshunde Bille«. Noch sitzen die meisten der vierzig heute Anwesenden im mollig warmen, holzvertäfelten Vereinsheim, trinken Cola, Weinbrand, Kaffee, essen Kuchen, reden, rauchen. Warum sie hier sind? »Aus Liebe zum Tier«, lautet die einhellige Antwort. Die Geliebten sitzen derweil draußen vor dem Eingang in aufgereihten, vergitterten Metallkästen, einen Meter lang, dreiviertel Meter hoch, gut dreißig Zentimeter breit.

Das Vereinsgelände liegt im Hamburger Osten, inmitten von Kleingärten, begrenzt von einem Bahndamm. Die beiden Übungsplätze, jeder größer als ein Fußballfeld, sind von Pappeln und Birken bestanden. Trotz des unaufhörlichen Regens laufen jetzt die ersten Hunde-

Der Scheintäter wird abgeführt

sportler auf den eingezäunten, akkurat kurzgeschorenen Rasen. Angestrengte Gesichter blicken aus Kapuzen von Trainingsanzügen und Freizeitjacken. Schritte werden merkwürdig eckig, gestelzt, unvermittelt das Tempo wechselnd, gesetzt. Urplötzlich werden Haken geschlagen, erst nach rechts, dann ebenso plötzlich nach links. Das Sportgerät, ob Dobermann, Schäferhund, Rottweiler oder Mischling, muß mit, immer eng am linken Knie. Fängt der Hund jetzt an zu spielen, bekommt er eins mit der Leine übergezogen und wird angebrüllt.

Aber auch, wenn alles seine Ordnung hat, gellen Schreie wie auf dem Kasernenhof über das Übungsgelände: »Sitz! Platz! Aus!« Die Hunde parieren. Manche legen dabei den Kopf schief, sehen regelrecht nachdenklich aus. Vielleicht wundern sie sich über die Lautstärke der Befehle. Denn Hunde verfügen über ein Gehör, mit dem sie sogar die für Menschen unhörbaren Ultraschallschreie von Fledermäusen wahrnehmen können. Die kehlig gebrüllten Befehle und preußisch schneidigen Bewegungen der Hundeführer müssen etwas mit Spaß zu tun haben. Notwendig sind sie nicht.

Nach getaner Arbeit kommt der Hund wieder in den Kasten. Der Hundeführer geht zurück ins Vereinsheim.
»Der Hundesport ist nicht gerade leicht«, sagt Kurt Lazarus, »wir müssen den Hund erziehen. Mit aller, aller Konsequenz.« Ziel aller Bemühungen ist die Schutzhundprüfung (Sch H), bei der ein Richter nach den Kriterien Härte, Mut, Kampftrieb und Führigkeit Punkte vergibt. Die Prüfung ist unterteilt in drei Bereiche: Fährtenarbeit, Unterordnung und Schutzdienst. Bei der Fährtenarbeit hat der Hund die Aufgabe, eine zuvor im Gelände gelegte Spur so exakt wie möglich zu erschnüffeln. Unterordnung bedeutet, daß der Hund auf Befehle wie »Sitz!« oder »Platz!« jederzeit und ohne Zögern gehorcht und seinem Hundeführer eine zuvor weggeworfene Holzhantel, das »Bringholz«, schleunigst zurückträgt und aushändigt. Unterordnen muß sich der Hund auch, indem er eine Holzwand von 1,80 Metern Höhe, die zwischen ihm und seinem Herrchen oder Frauchen steht, überwindet. Versucht er den schnelleren Weg zum Führer um die unvermittelt im Gelände stehende Holzwand herum – Punktabzug. Schlauheit ist nicht erwünscht.

Fährtenarbeit: Spurensuche an der langen Leine

Besonders der Ablauf des Schutzdienstes ist penibel vorgeschrieben: Ein durch dicke Polster geschützter Helfer, mit einem Knüppel bewaffnet, steht verborgen hinter einer Art spanischer Wand. Der Hund muß diesen »Bösewicht« aufspüren, ihn anschließend verbellen und auf das Kommando »Faß!« exakt in die vorgeschriebene Stelle beißen: in den linken Arm, der mit einem speziellen Beißschutz versehen ist. Während er zubeißt, ist der Hund laut Prüfungsordnung verpflichtet, Stockschläge einzustecken. Versucht er, den »Bösewicht« am Schlagen zu hindern – Punktabzug. Auf das Kommando »Aus!« muß der Hund sofort loslassen.
Schlecht für einen so dressierten Hund (und seinen Führer) ist, wenn im Ernstfall ein wirklicher Bösewicht von diesem Ritual abweicht und zum Beispiel seinen linken Arm schützt, um dann mit der Rechten den laut Prüfungsordnung vorbildlich zupackenden Hund in aller Ruhe totzuschlagen. Aber das ist eben Sport. Ich bezweifle ebenso, daß ein Gewichthebermeister unbedingt ein empfehlenswerter Helfer beim Umzug wäre, sofern der Hausstand nicht ausschließlich aus Hanteln besteht.

Beißen ist verboten, wenn der Figurant gestellt ist

Kurt Lazarus liegt mit seinem Alf in der höchsten Prüfung, der Sch H III, bei 294 von 300 möglichen Punkten. »Das ist 'n klares ›V‹«, sagt er stolz. »V« heißt vorzüglich und beginnt bei 96 Punkten pro Sparte. Dafür ist Kurt Lazarus dreimal die Woche, Donnerstag, Sonnabend und Sonntag, vier bis fünf Stunden hier auf dem Übungsgelände. Dazu absolviert er nebenher fast täglich Fährtenarbeit. »Wenn die neun Wochen alt sind, fang' ich mit Suchen an. Ich hab' jetzt gerade wieder 'ne junge Hündin in Arbeit«, sagt er, »da geh' ich dann drei-, viermal die Woche mit Suchen. Im Gelände.«

»Aber ich will jetzt auch mal mein kleines Mädchen holen«, sagt Kurt Lazarus. Er steht auf, geht zu seinem Auto, schließt einen engen Metallkasten auf und sagt zärtlich: »Komm her, meine Muschi!« Die Muschi ist fünf Monate alt, heißt Mona vom Leinetal und ist wie Alf ein Rottweiler. Einen dritten Rottweiler hat Kurt Lazarus zu Hause. »Ich bin Rassefanatiker«, erklärt er, »ich züchte auch selbst. Früher schon Cockerspaniel, Schäferhund, Boxer und Tauben. Und wenn ich 'nen Rottweiler hab', dann muß es auch einer sein. Da müssen die Rassemerkmale dasein. Der muß dem Rassestandard entsprechen.

Sauer, weil er den Beißarm nicht schnappen kann

Fliehen oder nicht fliehen, das ist hier die Frage

Die Winkelungen müssen stimmen. Der Kopf, die Breite, die Fanglänge müssen stimmen, Augenfarbe, Züge, Hüfte in Ordnung sein. Der muß einfach dem Rassestandard entsprechen.«

Und wer bestimmt den Rassestandard? Kurt Lazarus legt den Kopf schief, sagt nachdenklich: »Der Standard verändert sich, wechselt dauernd. Da sind die Körmeister, und die sagen: ›So wollen wir den Hund jetzt haben.‹« Dann lächelt er verschmitzt und sagt: »Und diese Standards sehen dann immer so aus wie die Hunde der Körmeister, die ja selbst züchten. Und so wird dann mal in die, mal in die Richtung gezüchtet. Und das kostet den Hund natürlich unheimlich Substanz.«

Kurt Lazarus sieht nachdenklich aus, ruckt sich dann hoch, sagt: »Aber so ist das nun mal. Hier, der Alf, ist noch 'n alter Rottweiler, so robust und schwer mit seinen 130 Pfund. Und Mona hier ist das Gegenstück: 'n moderner Rottweiler, kleiner, sportlicher, auch wesentlich leichter. Die wiegen dann nur noch 90, 95 Pfund.«

Ein Vereinskamerad kommt fröhlich auf Kurt Lazarus zu, ruft schon von weitem, daß er eine frei herumlaufende Rottweilerhündin aus

Mannscharf, vor allem aber scharf auf den Beißarm

Dänemark mitgenommen habe. »Zu Hause hat sie jetzt viere geworfen«, sagt er stolz. Kurt Lazarus fragt: »Hat se denn Papiere?« Der Kamerad blickt auf den Boden, erwidert leise: »Nee.«
Kurt Lazarus schüttelt den Kopf: »Menschmenschmensch!«

Papiere über Abstammung und Leistungsfähigkeit sind wichtig. Sie machen sich bezahlt. Kurt Lazarus will Alf verkaufen. Und selbst für den unmodern gewordenen, alten, aber eben »V«-Rottweiler wird er rund 20 000 Mark bekommen. Das ist ein normaler Preis. Für absolute Spitzenrüden werden 70 000 Mark verlangt und auch bezahlt. »Manchmal bis zu 200 000 Mark«, schwärmt Kurt Lazarus, »die Japaner, die Amerikaner, das sind Verrückte. Die kommen mit 'ner vollen Brieftasche auf 'ne Deutsche Meisterschaft.« Und sein Kamerad sagt: »Weil die da decken dürfen, was das Zeug hält. Gibt keine Beschränkungen. Und beim Spitzenrüden hat der das Geld in fünf Jahren wieder drin.«

Unterm Vorbau des Vereinsheims, an einen Träger gelehnt, steht Peter J. Ehrentraut. Er ist selbständig. Und das merkt man gleich: Als ich ihn nach seinem Namen frage, nimmt er mir den Notizblock aus der Hand und schreibt selbst: »Weil – ich hab 'n komplizierten Namen.« Der stattliche Vierunddreißigjährige ist Werbegrafiker und freier Designer. Zur Zeit studiert er in Hamburg Wirtschaftsinformatik. Als ich weiterfrage, wird er barsch: »Ich komm' grad von der Uni, Mensch. Ich hab' schnell gegessen. Ich bin hierhergeflitzt. Ich bin noch verschwitzt und ganz außer Atem. Nach dem Hund könn' wir in aller Ruhe – wenn ich den Streß los bin.«

Dann läßt er mich unter dem Vorbau stehen. Kurz darauf taucht er in einem braunen Regenmantel auf dem Platz auf. Seine Bewegungen sind besonders zackig und energisch. Seine Kommandos fallen selbst hier durch schneidige Bestimmtheit auf. Kein Wunder, denn neben ihm läuft – jede Bewegung seines Herrchens mitmachend – Sandor's Atout de pejehr: ein rehbrauner Rüde, der auf den ersten Blick weder größer noch gefährlicher als ein hochbeiniger Dackel wirkt. Aber das täuscht: Sandor's Atout de pejehr ist ein American Pit Bull Terrier, ein Kampfhund, vor dem sich jeder Schäferhund in acht nehmen muß. »Beim Pit Bull zählt nur der Wille zum Sieg«, informiert mich ein Vereinskamerad. »Is' eben 'n Kampfhund. Also, wenn er alle Beine durchgebissen hat oder wenn er vorm Ende steht – der muß weiterkämpfen«, sagt er und schnalzt anerkennend mit der Zunge.

Nach einer knappen Stunde Training ist Peter J. Ehrentraut ruhiger. »Jetzt ist der Streß raus«, prustet er, als er mir verschwitzt und mit nassem Haar gegenübersitzt. Im Vereinsheim ist es zwischen Pokalen und Urkunden jetzt voll, laut und verraucht – Kneipenatmosphäre. »Ja, es ist kein Zufall, daß ich ausgerechnet den hab'«, erläutert Peter J. Ehrentraut. »Vorher hab' ich 'nen englischen Bullterrier gehabt, 'nen sogenannten Schweinehund. Bei dem ging's um Schönheit«, sein Tonfall ist abfällig, »und kurz vor der Prüfung läuft der mir doch durch 'nen Stacheldraht. Halbes Ohr weg. Mußte genäht werden. Unter Vollnarkose. Und danach«, Peter J. Ehrentraut holt tief Luft, zischt dann laut aus, »die absolute Lusche, Angst, geräuschempfindlich. Er war dann nur noch irgendwie doof.« Einer der »Bösewichter«, Helfer beim Schutzdienst, geht herum und sammelt Geld für neue Beißmanschetten.

»Und dann hab' ich mich informiert. Und mir dann den Braunen geholt. 'nen Stafford, die Schönheitsvariante, und 'nen Pit Bull, die Kampfvariante – gar kein Vergleich«, schwärmt Peter J. Ehrentraut. »Wenn man den Unterschied sehen will: Man nehme einen Stafford und einen Pit Bull und lasse die zwei sich mal beschnuppern. Und den Unterschied merkt man dann schon.« Peter J. Ehrentraut lächelt vielsagend.

Er kann nur meinen, was Dr. A. Schleger 1983 in einer wissenschaftlichen Untersuchung über den Bullterrier herausgefunden hat. Demnach hat die einseitig am Kampftrieb orientierte Zuchtauswahl schon innerhalb der Rasse verheerende Folgen: Viele Kampfhündinnen greifen deckbereite Rüden an und werden daher zwangsgepaart oder künstlich besamt. Auch totgebissene oder verletzte Welpen kommen nicht selten vor. Auf Angst- und Schmerzäußerungen ihrer Jungen reagieren Muttertiere häufig mit Aggressivität. Erwachsene Bullterrier sind nach dieser Untersuchung unfähig zu einem normalen Rudelleben, da die Tiere jede Auseinandersetzung bis zum Tode eines Partners führen, sofern sie nicht mit Gewalt voneinander getrennt werden.

Von der Kampfbereitschaft seines Pit Bulls weiß auch Peter J. Ehrentraut ein Lied zu singen. »Es passiert am laufenden Band was«, sagt er und lächelt schief, »gerade mit großen Hunden. Es ist immer das gleiche. Ich geh' mit meinem Kleinen spazieren. Kommt einer mit 'nem Großen. Und ich sag' ganz freundlich: ›Würden Sie Ihren Hund mal bitte an die Leine nehmen?‹ Und dann sagt der: ›Ach, mein Großer tut doch Ihrem Kleinen nichts.‹ Und ich sag': ›Mein Kleiner aber Ihrem Großen.‹ Und dann lachen die mich immer aus.« Peter J.

Ehrentraut preßt die Lippen aufeinander, sagt dann, die Arme ausbreitend: »Ja, nur, jetzt kommt der Große an meinen Kleinen ran. Ich lass' die Leine fallen. Und dann geht meiner ja sofort ran, beißt, macht fertig. Der reißt so' nem Großen gleich ein Ohr ab oder die Gurgel auf.« Peter J. Ehrentraut fletscht die Zähne. Dann lehnt er sich zurück und pustet aus: »Und dann rufen die mit dem Großen: ›Mörder! Polizei!‹«

»Ja«, fährt Peter J. Ehrentraut fort, nickt mit dem Kopf und kaut Bockwurst mit Salat, »drei Schäferhunde sind einfacher zu handhaben als ein Pit Bull.« Warum er ihn dann hat? »Gerade deswegen – also, weil er auch so klein ist. Wissen Sie, ich mag es lieber, wenn man untertreibt. Also, ich kann noch so 'n Crack sein in meinem Beruf oder Studium«, er wischt sich eine nasse Strähne aus der Stirn, richtet sich auf, blickt mich an, »aber ich häng's nicht an die große Glocke. Oder wenn ich Kampfsport mache, zum Beispiel. Also,

Bei der Unterordnung geht's auch mal drunter und drüber

mach' ich, dann lauf' ich ja zum Beispiel nicht so rum«, Peter J. Ehrentraut wirft sich in die Brust, spreizt die Arme vom Körper weg, pustet die Backen auf, »um allen zu zeigen, wie stark ich bin, oder so. Na ja, und bei dem kleinen Hund ist es genauso: Dem traut man auch nicht zu, was in ihm steckt, also, daß er zum Beispiel dreißig Kilo wiegt und schon reihenweise ganz Großen, so richtig Bulligen, den Kragen wegrasiert hat.« Peter J. Ehrentraut fährt mit der Handkante an seinem Hals entlang und lächelt.

Draußen vorm Fenster springt fiepend und mit herausbaumelnder Zunge ein junger Schäferhund an einer fülligen Frau im hautengen Trainingsanzug hoch. Die Frau zieht ihm die Leine über, zischt so laut, daß man es hier drinnen hören kann: »Aus!« Der Hund sitzt sofort. Das Frauchen lobt: »Brav!« Peter J. Ehrentraut, der meinen Blick beobachtet hat, sagt: »Mit Kindern macht man's auch nicht anders. Im Grunde ist das hier gar kein Abrichten, sondern bloß Erziehung.«

»Der ist aber nicht bloß hart«, kommt Peter J. Ehrentraut wieder auf seinen Pit Bull zurück und rührt versonnen mit seinem Messer im Mayonnaiserest auf seinem Teller, »der ist gleichzeitig auch sehr weich, seinem eigenen Führer gegenüber ist er weich, ja. Das Schlimmste für meinen Kleinen ist es, wenn ich ihn mit Nichtbeachtung strafe. Dann stirbt er fast vor Unglück.« Er blickt auf, hat traurige Augen und grinst.

Peter J. Ehrentraut zieht Bilanz: »Ja, nun hab' ich alles geschafft, was ich mit dem Hund schaffen kann. Ich hab 'n ›V‹ gekriegt in der Sch H III. Vielleicht gehn noch 'n paar Punkte mehr. Aber mehr als 'n ›V‹ geht nicht.« Peter J. Ehrentraut klingt enttäuscht, als er sagt: »Ich hab' mir das mal gut vorgestellt. Aber jetzt hab' ich's geschafft. Na schön, ich bin zufrieden.«

Während draußen trotz der einsetzenden Dunkelheit und des anhaltenden Regens weitertrainiert wird, denkt Peter J. Ehrentraut laut über Fehler nach: »Ich hab' parallel zur Sch H III Zivil gemacht, das heißt,

der Hund darf beißen, wo er will. Und da hat der natürlich Gefallen dran gefunden. Und ihn dann wieder umzupolen auf den Arm, das war sehr schwer, das ist jetzt noch nicht hundertprozentig beseitigt.« Er sieht mich an und sagt entschuldigend: »Da mußt' ich dann natürlich zu Mitteln greifen wie Strom oder so, damit er wieder normal wurde.«
»Mittel wie Strom oder so« bedeutet, daß der Hundeführer seinem Hund, in dessen Halsband sich ein Empfänger befindet, über einen Sender elektrische Schläge verpaßt. Als ich frage, ob das erlaubt sei, wird Peter J. Ehrentraut barsch: »Man muß 'nen Hund einfach saubermachen. Und das Ideale ist, der Hund verbindet das Kommando mit dem Schmerz.« Peter J. Ehrentraut sieht mich wieder an, sagt dann energisch: »Am Ende ist es doch auch so: Ich lass' mich doch von dem nicht unterkriegen, von dem Kleinen doch schon gar nicht.«

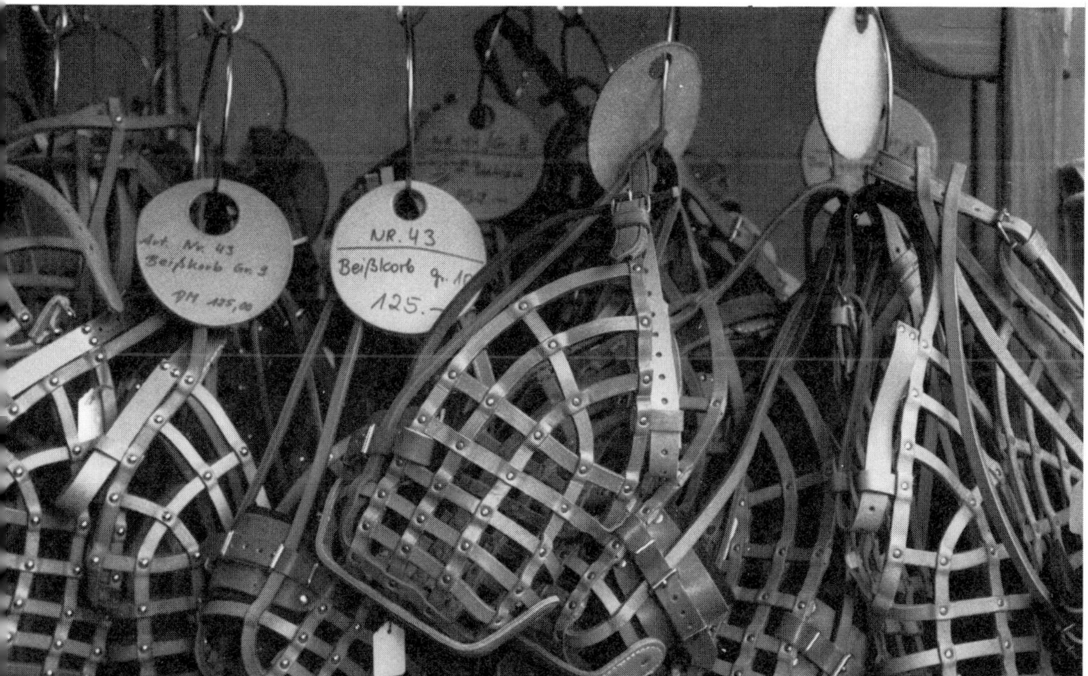

Zubehör für allzu Beißwütige

ERZIEHUNG VOM FEINSTEN

Aber ganz gewiß, natürlich. Ja, Sie können jederzeit wieder anrufen. Und Sie brauchen sich keine Sorgen zu machen, er hat sich gut eingelebt. Viel verändert hat er sich natürlich noch nicht. Besonders, wenn er mit den anderen zusammen ist, kann es kritisch werden. Aber kleine Fortschritte sind durchaus ... Also dann, bis zum nächstenmal ... Ja, wie gesagt, jederzeit ...«
Peter Stepanek, Erzieher im Edelinternat Antonienwald, führt ein Elterngespräch. Ob die Dame am anderen Ende der Leitung mit dem Betreuer ihres Lieblings zufrieden wäre, wenn sie ihn sähe? Gut, der Mann hat ein Vierteljahrhundert Erfahrung in seinem Job, aber daß er zur Unterrichtszeit in einem Holzhacker-Flanellhemd, abgewetzten

Jeans und einem unsauberen Kittel rumläuft . . . Haftet nicht sogar ein strenger Geruch der Kleidung an? Doch, doch, die Dame würde verstehen. Es geht schließlich nicht um ihre Kinder, es geht um mehr. Um Askan. Askan ist groß, schwarz, zottelig. Brillard, französischer Hütehund, sagt der Kenner zu einem wie ihm. Askan ist einer von 130 Zöglingen hier in Wagenfeld.

Wie seine Mitschüler soll er am Ende der Ausbildungszeit gesittet und gehorsam sein. Wie sie ist er zunächst statt dessen tyrannisch, unberechenbar und voller Allüren. Wenn er andere Hunde sieht, ist seine harmloseste Reaktion, die Zähne zu fletschen und mit dem Gebiß zu klappern – Instinkt aus alten Tagen, als seine Brüder die Welt in

Du sollst nicht begehren deines Nächsten Wurst. Dank Überwachung hat er's gefressen

Schaf, Schäfer und Feind einteilten und nicht in Frauchen, ihre Freundinnen, die dazugehörigen Schoßhunde. Alles nicht so wild, Askans Probleme sind für das »Tierpädagogische Hundeinternat« Alltag.

Die Karteikarten der Internatshunde spiegeln die Mißerfolge der bisherigen Bändigungsversuche, offenbaren Allzumenschliches über Hund und Halter. Cocker Janosch reagiert seine Eifersucht auf seinen neunjährigen Konkurrenten, den Sohn des Hauses, ab, indem er klaut wie ein Rabe und Papierkörbe leerräumt. Dobermann Vito sublimiert seine Angst vor Frauen dadurch, daß er wildert und Vögel killt – was sein eigenes Leben gefährdet. Bernhardiner Joseph spielt sich als Hausherr auf: Er läßt sich von niemandem anfassen, läßt keine Besucher ins Haus, frißt nur, solange der Napf ihm vor die Nase gehalten wird, beißt bei Müdigkeit und »braucht viel Liebe am Morgen (= fünfzehn Minuten ausdauerndes Kraulen und Streicheln)«.

Psychodramen überall. Saluki Zebu ist Wäschefetischist. Jasmine, ein Mini-Collie, ist Egozentrikerin, will immer im Mittelpunkt stehen, steigert sich in Ängste hinein, läßt die Tochter nicht zur Schule, belästigt Spaziergänger. Dackel Daisy hat die Zwangsvorstellung von einer katzenlosen Gesellschaft; sie geht in fremde Wohnungen, wo es faucht und miaut, um Selbstjustiz zu üben und die Katzen aus dem Fenster zu jagen. Flugangst, Lärmempfindlichkeit, Hydrantenphobie – alles schon gehabt. Und Farbticks: Setter Ingos Haß richtete sich auf gelbe Blumen, egal, ob in Vase oder Beet. Die Aversion des Afghanen Pascha galt allem, was blau war. Er zerfetzte mit Vorliebe blaue Kleidung – Pech, wenn ein argloser Radfahrer im Blaumann ihm in die Quere kam. Die Marotte des Münsterländers Astor war liebenswerter, nur anstrengend für seine Besitzer – er stieg in jedes fremde Auto, sobald es nur rot war.

Alpha-Hunde, kein Wunder, würde Konrad Lorenz sagen. Die anderen, die Anspruchslosen, die Betas, freuen sich, daß sie auf der Welt sind, und verlangen nicht viel von der Lebensgemeinschaft mit den Menschen. Die Alphas dagegen sind etwas Besonderes, und das Dumme ist, daß sie es zu wissen scheinen. »Die sind schon als Managerhunde geboren. Die stecken nicht zurück«, sagt Johannes Werner, der Schulleiter in Antonienwald.

Wie ist es dann möglich, aus solchen neurotischen Geschöpfen das gesittete Wesen zu zaubern, das der Internatsprospekt verspricht? Den »sicher gehorchenden Vierfußgänger«? Das »solide, unerschrockene Schutz- und Begleittier«? Den »zeitgemäßen Ausführhund und Beschützer der ganzen Familie«? Den »unbestechlichen Wach-, Schutz- und Suchhund für Betriebe, Fabrikanlagen, Gaststätten, Hotels, Tankstellen, Gutshöfe und sämtliche Einrichtungen«? Nicht mit Schlägen, Stock und bösen Worten, jedenfalls nicht hier. Das »Tierpädagogische Hundeinternat Antonienwald« verteilt Streicheleinheiten statt Strafen. Mit Urkunde und Garantie. Der Chef hat sich seine inzwischen seit vierzig Jahren und

Spielen und Toben gehören zum tierpädagogischen Konzept

mit 18 000 Kandidaten praktizierte Methode als Nr. 1071230 – Hundeerziehung ohne Strafen – System Werner – patentieren lassen. Und das Bundesverdienstkreuz bekommen. Und Beifall aus der Tierfreundeszene – Horst Stern lobte das Internat als »Salem« in der Hundeerziehung.

Das Geheimnis liegt in Hundespsychologie, Tierliebe und Schüttelruck. Zum ersten: Hunde sind Rudeltiere. Haushunde versuchen sich innerhalb des »Rudels« Familie einen möglichst guten Platz zu erkämpfen. Hat sich ein Hund zum »Rudelführer« aufgeschwungen, ist schon fast alles zu spät: Er tut, was er will, und erwartet, daß sich die anderen Familienmitglieder unterordnen – wenn nötig, setzt er sich mit Gewalt durch.

Johannes Werner erzählt die Fabel von den zwei alten Damen und dem Königspudel: »Die beiden haben mir geschrieben: ›Wir haben unserem Pudel die größte Liebe gegeben. Wir haben für ihn den besten Platz ausgesucht, er bekommt das beste Futter. Aber er dankt es uns nicht, jetzt beißt er uns.‹« Tierpädagogische Diagnose: »Der Hund denkt: ›Die Menschen sind so schwach, jetzt muß ich sie regieren, damit sie machen, was ich will!‹ Die Damen haben das Tier regelrecht in die Leithundrolle reingedrängt.«

Umerziehung ist schwierig, aber nicht unmöglich, wichtig ist der Schüttelruck. Zu letzterem braucht man das A und O der Ausbildung, das Erziehungshalsband. Das ist kein »Würgehalsband«, sondern eine aus Metall bestehende Halskette mit kleinen, umgebogenen Spitzen zum Hals hin, nach innen. Damit werden die Zähne der Hundemutter oder des Leithundes imitiert, die die Welpen dadurch zur Raison bringen, daß sie sie am Hals packen und durchschütteln.

Die Aufgabe des Rudelführers übernehmen in Antonienwald die Hundeerzieher/innen. Lange Leine, Schüttelruck in den richtigen Momenten und viel Lob, wenn alles klappt – das ist das Geheimnis. Ist diese Lektion begriffen, dann sind die Kommandos »Fuß«, »Sitz«,

»Platz«, Platz-bleib«, »Hier«, »Lauf«, »Hopp« und »Aus«, die später in der Urkunde stehen werden, keine Hürde mehr.
Neben dem Halsband spielt High-Tech eine Rolle im westfälischen Internat, Videoüberwachung per Monitor. Das Szenario: Couch, Couchtisch, Teller, Wurst, Hund. »Platz-bleib«, heißt die Devise, also ausharren, bis »Mensch« wiederkommt. Aber keiner ist im Raum, der es kontrollieren könnte. Und auf dem Tisch Köstlichkeiten, die besser duften als alles, was hier sonst im Napf liegt – statt des Gemischs aus Pansen, Königsberger Fleck, Herz und Haferflocken locken Salami, Sülze, Blutwurst, Jagdwurst und Schinken.

Erster Versuch: Debbie, ein schwarz-weiß-brauner Beagle-Mischling, vier Tage im Internat und so frech wie eh und je. Kaum hat die Autoritätsperson den Raum verlassen, ist die kalte Platte abgeräumt – der Zuschauer sieht es auf dem Monitor mit heimlichem Vergnügen.

Zweiter Versuch: Dingo, seit drei Wochen in der Ausbildung, sieht nur noch mit traurig-gelangweilten Dalmatineraugen auf das leckere

Balkonzimmer mit Blick ins Grüne

Fressen. Die Abwesenheit seines Erziehers verführt ihn nicht zu unlauterem Tun. Er hat die Erfahrung gemacht: Big Brother weiß alles; sein Wille geschehe.

Der Trick, mit dem die Wandlung vom Hund zum gehorsamen Hund vollzogen wurde, ist technisch simpel: Sobald »Sitz«, »Platz« und »Platz-bleib« geübt und erlernt sind, folgt der Kandidat auch, wenn die Worte im richtigen Moment von der Geisterstimme über die Gegensprechanlage kommen. Der Erzieher kann seinen Hund über Monitor beobachten und zur rechten Zeit akustisch einschreiten.

Hundgemäße Didaktik, das bedeutet: kein Drill, kein Gebrüll wie auf dem Übungsplatz von Schäferhundvereinen, sondern *»Learning by doing«,* und das immer in der richtigen Umgebung. Zum Beispiel Trainingsfeld Hühnerhof in Antonienwald. Lernziel: Auch wer Flügel hat, darf leben. Oder das Kaninchengehege. Lernziel: Jagen ist Sünde (es sei denn, Herrchen besitzt den entsprechenden Schein und gibt Aufforderungen). Oder ein Hotel im Ort. Lernziel: Bellen, Beißen

Lernziel: friedliche Koexistenz mit dem Federvieh. Ein Anfänger . . .

und Beinheben zur Unzeit können Schande und Obdachlosigkeit über Herr und Hund bringen. Oder der Campingplatz. Lernziel: Zweifüßer, die sich eine bewegliche Hundehütte aufbauen, mögen zwar aus der Art geschlagen sein, aber ein 1071230-geprüfter Hund toleriert und respektiert das. Spielen und Toben mit den anderen gehört zum Programm. »Wenn die Hunde untereinander kein soziales Verhältnis haben, werden sie es auch zu den Menschen nicht bekommen«, ist die Erfahrung der Mitarbeiter.

Es muß was dran sein an der Sache. Die 130 Boxen sind ausgebucht. Als Normalkomfort werden eine Hütte mit Stroh, etwas Auslauf und Blick ins Grüne angepriesen. Wer höhere Ansprüche hat, kann ein »Balkonzimmer« im ersten Stock mit noch besserer Aussicht und Fußbodenheizung buchen. Im Frisiersalon wirken zwei Hundepflegerinnen mit Bürsten, Scheren und Haarlack für den letzten Glanz im Fell. In der Küche werden riesige Mengen an schrecklich riechendem, aber gern gefressenem und eiweißreichem Mahl

... und ein Fortgeschrittener

zusammengebraut – und selbstverständlich wird jeder Sonderwunsch nach rohen Eiern zum Frühstück, Vitaminpillen und Spezialdiät zur Spätmahlzeit berücksichtigt.

Daß die Kundschaft zufrieden ist, beweisen Dankesbriefe wie dieser: »... möchte ich berichten, daß Hund Bodo, der von Januar bis März in Ihrer Schule war, jetzt folgt und zufriedenstellend reagiert. Wir danken Ihnen für Ihre Schulung, die es uns ermöglicht, den Hund zu behalten ...« Oder: »... jedenfalls ist der Wandel, der sich in Alfs Benehmen vollzogen hat, so augenfällig, daß Freunde von mir kaum glauben wollen, es handele sich um denselben Hund, können sie doch den Kuchen, den sie bei mir bekommen, nun in Ruhe selber essen, ohne daß die Hundeschnauze eines Bullterriers die Teller auf dem Couchtisch vorher leert ...« Boxer Otto und Airdale Taps schreiben gleich selbst an die Stätte, bei der sie ihre Unarten verlernt haben. Bobby schickt (mit Pfotenabdruck) »ein herzliches Wauwau«, Basti schließt sich mit »einem großen Wuff aus Mainz« an. Mit vorbildlichsten Manieren und perfektem Briefstil glänzt ein getreuer Neufundländer: »... indem ich Ihnen meine dicke Pfote zum Dank entgegenstrecke, verbleibe ich mit vielen Grüßen Ihr sehr ergebener Hannibal.«

Die Kunden sind Hundenarren aller Schichten, doch Doktorgrade, Professorentitel und Adelsprädikate sind überproportional vertreten. Die Prominenz setzt auf die Pädagogikvariante »Ohne Strafen«. In Antonienwald könnte es passieren, daß Annemarie Renger statt ihres eigenen Boxers versehentlich den von Beate Uhse mit nach Hause nimmt. Daß der Hells-Angels-Rocker seine argentinische Dogge besucht und mit Graf Lambsdorff ins Philosophieren gerät, der gerade seinen Foxterrier abholt. Top-Erziehung erhalten sie alle, egal, ob Herrchen in der High-Society oder in der Unterwelt mitmischt. Vor Jahren bekam das Internat Polizeibesuch, nachdem ruchbar geworden war, daß hier Dobermann und Schäferhund eines von Interpol gesuchten Bankräubers ihre Lehre absolviert hatten. Der Besitzer hatte sie zweckentfremdet eingesetzt, um während seiner Überfälle die Kunden in Schach zu halten.

Hundeerziehung ohne Strafen – ohne Konflikte geht das nicht ab. »Gebissenwerden gehört zum Berufsrisiko«, erklärt Manfred Meyer, 41 Jahre, seit sechzehn Jahren dabei. »Wenn die Kunden ehrlich sind, sagen sie schon mal, daß ihr Süßer alles beißt, was nicht schnell genug auf die Bäume kommt. Aber manche erzählen vorher nichts und überlassen es uns, das herauszufinden . . . Das ist eben unser Job, da gibt es keine Haftpflicht. Wenn wir das Problem übernehmen, müssen wir dafür geradestehen.«

Sein Kollege Klaus Kleinwächter hat böse Erfahrung noch im 22. Dienstjahr gemacht. Sein Gegner, ein Leonberger. »Treu, edel und gut, besonders für Kinder geeignet, steht in den Büchern«, sagt er ironisch. Und ziemlich groß. Hätte er sich damals gegen die Attacke des Hundes gewehrt, wäre er »heute hin«, glaubt er. So hat es für drei Wochen Krankenhaus und reichlich Narben gereicht.

Hundeerzieher – ein anstrengender Job, irgendwo zwischen Zirkusdompteur und Sozialpädagoge. Das Team ist gemischt, zehn Männer und Frauen zwischen zwanzig und fünfzig. Es gibt keine Sonderrechte für Frauen, Neueingänge werden reihum verteilt, »ob Dogge oder Hutschiputschi«. Die Tätigkeit verlangt Selbstdisziplin. Trotz übergroßer Tierliebe liegt es nicht jedem, sich von Bernhardinern in vollem Tempo hinterherziehen zu lassen oder verzogenen Kneifern und Knurrern Tag für Tag mit Zuneigung, Verständnis und ewiger Geduld zu begegnen. Aber der Erfolg entschädigt.

Meistens. Selten gibt es Aspiranten, die trotz Expertenwissens und Erfahrung nicht zu erziehen sind. Durchgefallen – ein Rottweiler, dem die Bösartigkeit nicht abzugewöhnen war. Die Familie, der er gehörte, ließ sich nach dem vergeblichen Aufenthalt in Antonienwald überreden, ihn wegzugeben. »Töten lassen wollten sie ihn nicht, weil er so ein bildhübscher Bengel war«, erinnert sich Johannes Werner. Er landete bei der Polizei – bis er einem Beamten ins Bein biß. Nächste Station war eine Gastwirtschaft, wo er ein Blutbad unter Kegelbrüdern anrichtete.

Durchgefallen – ein Mastino, ein römischer Kampfhund aus Wolfsburg. »Ein Killer. Plötzlich bekam er blutunterlaufene Augen, wenn ihn was geärgert hat«, erzählen die Erzieher. Er ist beim Training in der Umgebung beinahe einem Tankwart an die Kehle gegangen und muß nun zurück an den Absender. Das Internat verzichtet in solchen Fällen auf die Studiengebühr.

Beurteilung: nicht erziehungsfähig.

Das sind Ausnahmen. Im Regelfall können die stolzen Besitzer nach acht bis zwölf Wochen einen Hund mit nach Hause nehmen, den sie bei der Abschlußprüfung selbst kaum wiedererkennen. Verblüfft oder verwirrt sehen sie, wie der Rüpel, den sie als »Regreßfall« abgegeben haben, plötzlich aufs Wort gehorcht, auf Aktentaschen und Mützen aufpaßt, je nach Wunsch bellt, wenn es klingelt, oder im größten Getöse die Ruhe bewahrt. Wie der Angsthase, der sich höllisch vor Autos fürchtete, stoisch und gelassen auf den Rücksitz klettert. Wie der passionierte Hühnerjäger in friedlicher Koexistenz mit Federvieh aller Art auf dem Rasen liegt. Krönung der Veranstaltung: der Monitor-Test mit der Wurstplatte.

Training in künstlicher Großstadtatmosphäre

Die Sache wirkt wie Hexerei und hat einen Preis, der sich im Rahmen von Personalcomputer und Kreuzfahrt bewegt. Zehn Wochen Erziehung zum »Allround-Hund« kosten mit Mehrwertsteuer 4047 Mark. Das ist aber nicht nur Grundschule (das Junghund-Abc ist schon für 3021 Mark zu haben), sondern schon eine Art Abitur, auf das sich der Absolvent einiges einbilden kann: »Gediegene Kompletterziehung und individuelle Spezialausbildung, einschließlich aller zusätzlichen Sonderwünsche, machen ihn zur Spitzenklasse – zum Primaner der hohen Schule von Wagenfeld«, schwärmt der Prospekt.

Mehr Schwierigkeiten als das Bargeld bereitet den Kunden die Vorstellung der harten Zeit, die sie getrennt von Astor und Arisha, Fritz und Frisby, Cäsar und Zeda verbringen sollen. Zehn Wochen, siebzig Tage, 1680 Stunden ohne das vertraute Gebell, ohne den Freund, der zwar Ohrclipse verschluckt, den Garten aufbuddelt und Wäsche zerfetzt, aber doch eigentlich gerade dadurch so liebenswert ist.

Viele besorgte Besitzer erkundigen sich täglich telefonisch nach den Fortschritten und drängen auf baldiges Ende der Trennung. »Moment, bitte ...« Brigitte Balzereit, Sekretärin und als »Telefontante« im Normalfall für die Seelenmassage zuständig, zückt die Karteikarte: »Also, gesundheitlich ist sie tipptopp, kontaktmäßig läuft alles wunderbar. Wir sind jetzt mit der ganzen Unterordnung an der Leine beschäftigt, aber da ist noch nichts, was als fertig gelten kann. Sie ist natürlich noch sehr verspielt, da müssen wir noch ein bißchen Geduld haben ... Terry hat Temperament, natürlich, aber, Herr D., das ist doch nichts Negatives. Ein langweiliger Hund, der wäre ja nicht hier ... Herr D., sie muß sich doch erst einmal einleben, wenn wir das jetzt im Hauruck-Verfahren anfangen, sind Sie nicht zufrieden und wir auch nicht. Das soll ja schließlich ein Hundeleben lang anhalten ... Nein, Sie brauchen sich keine Sorgen zu machen, wir unterhalten einen Salon. Klar, ein Airdale-Terrier muß täglich gekämmt werden ... Aber sicher, Sie können immer anrufen.«

BERLINER — AUF DEN HUND GEKOMMEN?

»Berlin«, so sinnierte im August 1987 die Szene-Zeitschrift »zitty«, »ist auf den Hund gekommen: ökonomisch eine gesicherte Ruine, kulturell eine preußische Provinz, politisch zunehmend ein wäßriger Sumpf. Absolut vorne dagegen liegt Berlin als Hunde-Metropole: Hauptstadt der DOGmatiker.«
Gegenstand der Satire ist Berlins Hundeproblem. Denn schon lange tobt in Berlin ein unerklärter Krieg. Ein schmutziger Krieg. Aus Sicht der Hundehasser wird dieser Krieg von seiten der etwa 100 000 Hundebesitzer mit einer heimtückischen Waffe geführt. »Tretmine« nennen sie die Berliner, frei nach dem Vorbild aus den Waffenarsenalen der Militärs. Zwar explodieren die Berliner Tretminen nicht, dafür aber deren Opfer. Wenn sie reingetreten sind.
Die Rede ist von etwa 16 000 Kilogramm Hundekot, der täglich erst auf Berlins Straßen landet, auf Grünanlagen, in Sandkästen und – vor allem – auf Gehwegen. Und der anschließend nicht selten unter Schuhsohlen oder an Kinderhänden klebt.

Die Hoffnung der Hundehasser, daß sich das Problem durch Aussterben der größten Hundehaltergruppe, der Rentner, von allein löst, hat sich als Irrtum erwiesen. Längst gibt es Nachwuchs. In der Alternativszene ist es modern, von einem schwanzwedelnden Freund begleitet zu werden. Kommt man in die Freie Universität oder in Studentenkneipen, dann glaubt man sich unversehens in einer Hundeausstellung. Dutzende herumschnüffelnder und kläffender Bastarde laufen dort herum. Anders als bei den prämienversessenen Rassehundezüchtern gilt hier: je weniger Rasse, desto mehr Klasse. Natürlich scheißen auch die alternativen Promenadenmischungen überall hin.

Ein Vorstoß der Berliner Alternativen Liste, den Hundekot per Gesetz einzudämmen, ist gescheitert. Die Alternativen wollten von den rund 100 000 Herrchen und Frauchen jährlich 400 bis 600 Mark Straßenreinigungsgebühren kassieren, je nach Größe des Hundes. Wer seinen Dreck selbst beseitigt, sollte Rabatt bekommen,

immerhin achtzig Prozent. Einige weitere Vorschläge müßten Hundebesitzern und Hunden gleichermaßen die Nackenhaare in die Höhe getrieben haben: Ein Leinen- und Maulkorbzwang sollte eingeführt werden, eine Tötungsklausel für Hunde, die Menschen angefallen haben, und man wollte die Wohnungsgrößen auf die Möglichkeit zur Hundehaltung prüfen.
Angesichts der fast 100 000 Wählerstimmen, die das Hundebesitzerkartell repräsentiert, findet sich für derart drakonische Maßnahmen keine Mehrheit im Berliner Abgeordnetenhaus. Die Ursache für das einsame Rangieren als bundesdeutsche Hundehauptstadt würde damit auch kaum an der Wurzel gepackt.
Ob es sich dabei aber um ein »Mauersyndrom« handelt, wie »zitty« spekuliert, müssen Psychologen erst noch herausfinden. Doch auch 100 000 Hunde können den Berlinern die fehlende Natur nicht in die vom Hinterland abgeschnittene Millionenstadt bringen.

Spaziergang auf dem Ku'damm – der Boulevard von unten

QUEPA

Hauptstadt der Hunde, von der Bell-Etage bis zum Under-Dog

Berlinale der Hundetypen

Als Motiv für »die Anschaffung« eines Hundes nennen die Hundebesitzer vor allem »Tierliebe«. Stimmt das wirklich? Denn egal, ob Rassehund oder Mischling, nach der »Anschaffung« werden die Vierbeiner in die menschliche Welt eingepaßt. Und so werden die Hunde mal zum Schmusetier, Trophäenjäger oder Wachhund, zum Sportgerät oder Prestigeobjekt. Nachfolgende vier Berliner sind auf den Hund gekommen, zwei von ihnen sogar auf mehrere – aber sind sie deswegen »auf den Hund gekommen«?

Wovon ich träume?« murmelt Günter Leppien und starrt dabei nachdenklich über die schmale Brille hinweg auf die Holztapete an seiner Wohnzimmerdecke, während er die hohe Stirn in Falten legt: »Ich wünsch' mir einen Champion von der Cruft's Dog Show in England.« Der siebenundvierzigjährige Schweißer ist Hundezüchter. Der Gegenstand seiner Wunschträume: ein winziger, knapp vier Pfund schwerer, haarloser Siegerhund von der bedeutendsten Hundeschau der Welt – ein Chinesischer Nackthund.

Der haarlose Minihund ist eine Rarität. Nur etwa zweihundert Exemplare gibt es in Deutschland. »China Crested Hairless Dog« heißt er in den USA, von wo die ersten Nackthunde nach Deutschland kamen. Eine Bezeichnung, die er seinem völlig haarlosen Körper verdankt, den lediglich ein kleiner Haarschopf auf dem Kopf ziert (crest = Hahnenkamm).

Flaniert Leppien, den man in Trachtenjacke und Folkloreschlips eher für einen Kellner aus dem Hofbräuhaus hält als für einen Berliner Metaller, mit seinen unbehaarten Exoten durch die Stadt, muß er sich einiges anhören: »Wat is 'n ditte?« staunen welche, und andere schimpfen: »Igittigitt, is det 'ne Sauerei, det se den Hund rasiert haben.« Der Kommentar eines Punks – »Mensch, is det stark, wa!« – ist unter den vielen Pöbeleien Balsam für Leppiens Nerven.

Bevor Günter Leppien die China Crested züchtete, hatte er nur große Hunde – Schäferhunde, Boxer, Doggen. »Dann hat meine Frau einen Nackthund auf einem Buchtitel gesehen, der hat ihr gefallen. Wir haben gleich einen gekauft.« 1500 Mark mußte er für die Hündin Lulu bezahlen.
Heute besitzt Hobbyzüchter Leppien drei Zuchthündinnen und zwei Rüden. Deckt ein Nackthund-Rüde eine Nackthund-Hündin, kommen trotzdem nicht nur Nackthunde dabei raus. Immer sind in einem Wurf auch behaarte Welpen, sogenannte Powder Puffs. »Manchmal«, meint Leppien, »habe ich sogar nur behaarte Tiere im Wurf.«

Seine Erfahrungen mit der Zucht großer Hunde konnte der Züchter bei den Nackthunden nicht anwenden. Leppien: »Die Schäferhündinnen haben mir die Welpen praktisch vor die Füße gelegt, bei den Kleinen muß man dagegen höllisch aufpassen.« Ein

Berliner Original – Nackthundezüchter Leppien mit Gamsbart und bayrischer Tracht

Kaiserschnitt ist bei Nackthunden keine Seltenheit. Wegen des damit verbundenen Risikos und weil er »auf Qualität züchtet«, benutzt Leppien nicht jede Hündin zur Zucht. »Bei zu kleinen Hündinnen ist mir das Risiko zu groß«, sagt er. Nach jedem Wurf läßt er seinen Hündinnen ein bis anderthalb Jahre Ruhe. »Das zahlt sich aus«, sagt er stolz, »alle Hunde haben ihr ›V‹ im Zuchtbuch.«
Leppiens Welpen sind gefragt. Auch seine Rüden. Für ihre Liebesdienste kassiert Leppien zweihundert bis tausend Mark, ein stolzer Liebeslohn. »Wenn ich meinen Tiger ins Auto setze, weiß der schon genau: Jetzt gibt's wieder 'ne Braut.« Manchmal verweigert Leppien auch Tigers Liebesdienst, »wenn die Hündin für einen Wurf noch zu jung ist oder erst vorher einen großen Wurf mit fünf Welpen gehabt hat«.

Günter Leppiens Leben dreht sich um Hunde. »Ich kann mir ein Leben ohne Hunde nicht vorstellen«, sagt er. Unter seinem Namenszug auf dem Klingelknopf steht »von Tam Tam«, Leppiens Zwingerbezeichnung. In einer Zimmerecke steht ein kleiner Plastikverschlag, die Wurfbox. Dona und Lulu hat Leppien raufgepinselt.
Hinter dem Sofa klebt eine bunte Fototapete an der Wand. Waldlandschaft mit Sonnenuntergang. Darauf hat Leppien eine Deutschlandkarte geheftet. Nadeln markieren die Orte, wo der Hobbyzüchter mit seinen Hunden auf Ausstellungen war. »So eng seh' ich das nicht mit den Ausstellungen«, behauptet er, doch dann sagt er stolz: »Lulu, meine alte Dame, hat alles gewonnen, was ein Hund gewinnen kann: Champion, Nationaler Schönheitschampion, Jugend-Weltsieger.«

Weniger Glück hatte er mit einem Rüden. Der wollte im Ausstellungsring nicht an der Leine gehen. »Ich ging los, der blieb stehen. Der Hund wurde lang und länger, sein Hals wurde lang und länger, der wollte einfach nicht laufen. Anschließend hab' ich zu ihm gesagt: ›Paß ma uff, Kleener! Ick will mir nich blamieren. Du brauchst nie wieder in 'nen Ring.‹« Günter Leppien redet mit den Hunden wie andere Leute mit Kindern sprechen. Er macht auch vor Freunden und Fremden nicht halt. Spricht er denen gegenüber von seiner Frau, müssen die sich automatisch wie Tiger, Lulu oder Chichi fühlen: Die Ehefrau heißt auch dann immer nur Frauchen.

Nur einen Steinwurf weit vor der Mauer in Berlin-Kreuzberg, ein paar Meter neben der zugenagelten und verödeten Mariannen-Kirche, steht während der Sommermonate ein großer Mercedes-Benz-Möbelwagen, umgebaut zu einem Wohnmobil. Wird es Winter, dann schaukelt das fast zehn Meter lange Ungetüm durch Gegenden, in denen es warm ist: Marokko, Portugal, Italien, Spanien, insgesamt etwa 30 000 Kilometer. Drinnen leben Dirk Fehser, 26, und Benz, ein sieben Monate alter Rottweiler.
»Wenn man in so 'ner zugemauerten Stadt wohnt«, meint Dirk, »dann braucht man seine längeren Erholungsphasen, sonst dreht man hier doch durch.« Das Geld verdient er mit Gelegenheitsjobs und Autoreparaturen. »Manchmal kaufe ich alte Gurken, möbel' sie auf und verkaufe sie wieder.« Den Hund hat er wegen seines ausgebauten Möbelwagens gekauft, »als Wachhund«. Doch der junge Benz hat mit der Entdeckung der Kreuzberger Welt und ihren tausend Gerüchen noch genug zu tun. Dirk: »Danach ist er meist zu müde, dann bellt er nicht mal, wenn nachts jemand gegen den Wagen klopft.« Trotzdem glaubt er: »Wer hier rein will, den schreckt schon ab, daß ein Rottweiler im Wagen ist.«

Als er einen Hund suchte, da kam für Dirk nur ein Rottweiler in Frage, »weil das nicht so aufgedrehte Köter sind, sondern ruhig, wachsam und nicht so aggressiv«. Die meisten Hunde in Berlin findet Dirk »neurotisch« und »beknackt«. Über deren Besitzer hat er eine feste Meinung: »Hier gibt's so viele Hunde, weil die

Mauerleute alle ein bißchen bescheuert sind. Die haben einen Komplex, vom Alleinsein. Aber was soll'n die auch machen? Unterhalten sich also mit ihrem Köter wie mit Menschen.«

Obwohl Dirk für seinen Rottweiler 1200 Mark bei einem Dortmunder Züchter zahlte, entpuppte Benz sich schließlich doch nicht als ganz lupenrein. Die Schnauze ist für einen Rottweiler zu schmal, fast wie die eines Dobermanns. »Die echten Rottweiler-Faschos«, so Dirk, »haben dann auch sofort an meinem Köter rumgemäkelt, was da alles nicht stimmt. Dabei hatten die selbst alle nur so fette, kleine Köter.« Aber ihm sei Benz' Wesen wichtiger als dessen Proportionen. Das Brimborium, das viele Hundebesitzer

Dirk Fehser und Rottweiler Benz: Berlin ist nur ein Sommerdomizil

um ihre Hunde machen, ist ihm zuwider: »'n Hund ist nur 'n Hund, wegen dem stell' ich mich nicht um.« Und als Benz (»Mercedes war mir zu lang«), trotz des Namens eine Hündin, zu ihm kommt, krault er sie hinter den Ohren und sagt fast zärtlich: »Na, du halber Dobermann, 1200 Mark haben sie von mir kassiert, da haben sie mich aber ganz schön angeschissen mit dir.«

Dirk mag kein autoritäres Gehabe. In diesem Sinne erzieht er auch seine Hündin – antiautoritär. »Mich interessiert nicht, ob sie immer auf mich hört. Doch sie weiß schon, was mich nervt und was nicht. Benz braucht sich nicht vor mir hinzuschmeißen. Sie soll einfach so sein, wie sie drauf ist.«

Irgendwie scheint Anneliese Abel erraten zu haben, daß ich den haarigen Zwerg mit der zerzausten Mähne, der da auf der Stilmöbelcouch zwischen Häkelkissen und Wolldecke thront, als sei er der König von Neukölln, unmöglich für einen Yorkshire-Terrier halte. Bislang kenne ich Yorkshire-Terrier nur als kleinwüchsige, verhätschelte Zierhunde, mit einer Schleife im Stirnhaar und einem Haarmantel, der seitlich bis auf den Boden herabhängt und ihn in der Bewegung so behindert, daß sogar in Fachbüchern gefragt wird, »ob es sinnvoll ist, einem Hund ein derartiges Fell anzuzüchten«, das »den Hund zum reinen Schauobjekt degradiert«.

»Glooben Se, nur reinrassige und schöne Menschen sind die besten?« fragt die 73jährige rhetorisch, um dann ohne Warten auf meine Antwort fortzufahren: »Warum denn bei den Tieren? Schönheit ist außerdem 'n relativer Begriff. Eener findet det schön, der andere dette.«

Während ich noch grüble, ob das wohl die Verteidigung für eine Promenadenmischung war, sagt Anneliese Abel: »Ick war mit Cico mal off eener Ausstellung, da ham wa gleich 'n ›Vorzüglich‹ jemacht, obwohl ick nich im Club war.« Später sei sie dann aber doch eingetreten, »um die Züchterin von Cico 'n Jefallen zu tun«. Weil sie »nich uff Vereinsmeierei kann« – »Die vom Pinscher-Schnautzer-Club mit ihren janzen Juweln mach'n immer so uff feine Pinkel« –, ist sie bald wieder ausgetreten. Frau Abels Cico ist das offenbar gut bekommen. Der sieht seitdem eher aus wie ein derber Landhund und nicht wie ein Schoßhündchen.

»Det is schon ulkig«, findet Frau Abel, »Mensch und Tier wer'n sich im Lauf der Zeit immer ähnlicher.« Ob der Unterschied früher größer war, kann ich nicht recht beurteilen. Heute sind sich der quirlige, struppige Terrier und die agile Rentnerin mit den borstigen Haaren und dem kurzen Pony nicht nur in der Statur ähnlich, sieht man von den grundsätzlichen Unterschieden von Hund und Mensch einmal ab, sondern auch in ihren kurzen, ruckartigen Bewegungen. »Wir sind ooch beede Kläffer«, sagt Frau Abel, »Cico bellt alle andern Köter an, ick bölk' schon ma janz jern mitte Leute.«

Immer auf Achse, Rentnerin Abel mit ihrem Yorkshire-Terrier Cico

Vor acht Jahren starb Frau Abels Mann. Vorher mußte ihm ein Bein amputiert werden. »Der hat immer über Cico jemeckert: ›Der Hund weeß janz genau, det ick nur een Been hab' und nich hinterher kann.‹«
Mit ihrem Terrier ist Anneliese Abel im ganzen Viertel bekannt. »Die nenn' mich det Wohlfahrtsamt vonne Nogatstraße, weil Cico un icke uns um allet kümmern. Irjendeener hat ja immer 'n Anliegen: Für een hol' ick ein, der andere will wissen, wo et die billichste Butta jibt, der nächste fragt nache Sprechstunden von 'n Arzt.« Dabei kommt sie mit Cico weit herum.
Seit zwanzig Jahren wohnt Frau Abel schon im selben Haus. In der Nogatstraße kennen sie die meisten Bewohner. »Aber det«, so sagt sie mit einem humorigen Anflug von Selbstkritik, »liegt wohl nich nur an Cico, sondern ooch an meene Berliner Schnauze.«

Bleigraue Wolken hängen über dem Grunewald. Es nieselt. Ein auf- und abschwellendes Geheul klingt, als ob ein Rudel Wölfe in Berlins Naherholungsgebiet Jagd macht. Urplötzlich tauchen sie aus einer Senke auf, keuchend, schnaufend, mit heraushängenden Zungen, zu kraftvollen Sätzen getrieben vom »Go, go, go!« ihres »Musher«: drei große Hunde, angespannt vor einem kleinen, dreirädrigen Sulky, Alaskan Malamuts, die Lokomotiven unter den nordischen Schlittenhunden.
Selbst mit Musher Ingo Abraham – Musher heißen die Hundeschlittenführer nach dem französischen Wort »moucher« = sich beeilen –, bei 1,76 Meter Größe und 95 Kilogramm ein ganz enormer Brocken, haben die gut fünfzig Kilogramm schweren Malamuts keine Probleme. »Die ziehen zu dritt leicht eine Tonne weg«, behauptet der dreiundvierzigjährige Fuhrunternehmer. »Zwei von denen kann ich beim Spazierengehen kaum an der Leine halten. Anschließend schwitze ich, als käme ich aus der Sauna.«

Einmal pro Woche trainiert er im Grunewald. »Ich bin mit dem Wagen noch auf der Avus, dann johlen die schon los, die sind richtig heiß aufs Laufen«, sagt Abraham. Und dabei laufen sie sich dann auch regelrecht heiß. Wegen des dicken Fells können sie die Körperhitze nur über Zunge und Pfoten ausschwitzen. Ist die Luftfeuchtigkeit oder die Temperatur zu hoch, brennen die Hunde bei zu extremer Belastung innerlich regelrecht aus.

Beim Training muß sich Abraham genau an behördliche Vorschriften halten. Die Beamten erlauben nicht, daß er mit seinen vierbeinigen Lokomotiven jederzeit durch den Wald rast. Werktags ist es morgens bis zehn Uhr und nachmittags zwischen 15 und 18 Uhr gestattet, auf genau vorgeschriebenen Wegen. »Wegen dieser eingeschränkten Trainingsmöglichkeiten laufen Berliner Gespanne bei nationalen und internationalen Rennen auch meist hinterher«, klagt Musher Abraham. Selbst für die acht bis 15 Rennen pro Jahr hat er viele Unbequemlichkeiten in Kauf zu nehmen. Weil diese Rennen in den bergigen Regionen Westdeutschlands stattfinden, muß er jedesmal durch die DDR fahren. Für die Rennen geht fast der gesamte Jahresurlaub drauf.

Ingo Abraham und Frau Rositha haben einmal ausgerechnet, wieviel sie für ihren Sport, der 1932 sogar einmal olympische Disziplin war, durchschnittlich pro Jahr ausgeben: über zehntausend Mark. Die vier Hunde, für die sie zwischen tausend und dreitausend Mark bezahlt haben, machen dabei nur einen kleinen Posten aus. Nicht eingerechnet ist der Toyota Landcruiser, ohne den sie viele Startplätze in unwegsamem Gelände gar nicht erst erreichen könnten. Das können sich viele Schlittenhundebesitzer nur leisten, wissen die Abrahams, »weil sie Abstriche beim Privatleben machen«.

Hält man den sportlichen Erfolg dagegen, fällt die Bilanz eher mager aus: Über einen dritten Platz sind die Abrahams nie hinausgekommen. »Das ist auch gar nicht so wichtig«, finden beide, »wir sind 'ne dufte Truppe, beim Rennen, beim Feiern und auch in der Kameradschaft. Das macht einfach Spaß.«

Kraftvolle Sätze durch den Grunewald – Alaskan Malamuts ziehen ihren Musher

Trotzdem gab es unter Schlittenhundebesitzern in der letzten Zeit auch Streit. Musher, die um jeden Preis siegen wollten, hatten mehr und mehr nichtnordische Hunde in ihre Gespanne eingebaut. Hunde, die schneller laufen können als Malamuts, Huskies, Samojeden oder Grönländer, aber eben keine Schlittenhunde sind. Abraham und viele andere lehnen das ab. »Das halten die Hunde nur durch, weil wir in Deutschland nur bei geringen Minusgraden laufen und nur auf kurzen Strecken bis zu 28 Kilometern Länge«, glaubt er. In solchen »Renngespannen« sieht er einen groben Verstoß gegen die Tradition der Hunderennen, der sich auch die bundesdeutschen Musher verpflichtet fühlen. Undenkbar, daß beim »Iditarod Race«, dem längsten Hundeschlittenrennen und härtesten sportlichen Wettkampf der Welt, der alljährlich in Alaska stattfindet und 1800 Kilometer von Anchorage bis Nome führt – durch verschneite Wälder, sturmumtobte Pässe, vereiste Sümpfe und Flüsse –, Schäferhunde oder gar Windhunde an den Start gehen. Die Berliner sind deshalb dabei, wenn demnächst die »Arbeitsgemeinschaft reinrassiger Schlittenhunde Deutschlands« gegründet wird.

Schlittenhunde gehen in zwei Gruppen an den Start. In der ersten laufen nur Siberian Huskies, »die Porsches unter den Schlittenhunden« (Abraham). In Gruppe zwei starten Samojeden, Grönlandhunde und Alaskan Malamuts. Beide Gruppen sind noch einmal nach der Anzahl der Hunde unterteilt: zwei bis drei, vier bis sechs, fünf bis acht und eine offene Klasse, wo mit bis zu 14 Hunden gefahren wird. Daneben gibt es noch die S-Klasse, in der ein Hund über die gesamte Distanz (sieben bis acht Kilometer) zwanzig Kilogramm Gewicht ziehen muß, während sein Besitzer nebenherlaufen muß und ihn lediglich durch Schieben entlasten kann.

Über die Qualität eines Gespanns entscheidet vor allem der Leithund. Er setzt die Kommandos »Rechts« und »Links« in den Kurs um. Leithund wird immer der klügste Hund. Die stärksten Hunde sind dagegen unmittelbar vor dem Schlitten angespannt. Ist ein eingespieltes Gespann erst mal in Fahrt, kann es nur noch vom Musher gebremst werden. Sogar ihre Notdurft verrichten die Schlittenhunde in voller Fahrt. Nur Hunde am Rand der Rennstrecke können Huskies, Malamuts, Samojeden oder Grönlandhunde aus dem Konzept bringen oder Wild, denn alle Schlittenhunde besitzen einen starken Jagdtrieb. »Dann«, das weiß Ingo Abraham aus eigener Erfahrung, »donnern sie schon mal mitsamt Schlitten und Musher quer durchs Gehölz.«

Schlittenhunde sind Raritäten. In Berlin gibt es ingesamt zwanzig Gespanne, aber nur zwanzig Exemplare von den Malamuts, darunter aber auch reine Show-Dogs. »Die würden dich nur mit großen Augen anschauen, wenn du sie vor einen Schlitten spannst«, sagt Abraham abfällig. »Die wissen gar nicht, was sie damit anfangen sollen.«

Als der Fuhrunternehmer, selbst mit der Figur eines Preisringers ausgestattet, bei einem Rennen zum erstenmal Alaskan Malamuts sah, da faszinierte ihn sofort »deren Größe und Kraft«. Danach stand für ihn fest: »So einen Hund mußt du haben.« Eine Woche später hatte er den ersten.

Eingespieltes Gespann: Schlittenführer Abraham und sein Leithund

DER HALBEHUND UND DER BEIHUND

Ein winziger schwarzer Punkt in der endlosen Weite des kahlen Stoppelfeldes bewegt sich nach rechts. Senta, die schwarzbraune Schäferhündin, bleibt am Ende des Feldes stehen, richtet sich auf und blickt unsicher herüber. »Geh da raus«, ruft der Schäfer. »Geh da raus«, hallt das Echo vom nahen Waldrand zurück. Mit einer

ausladenden Bewegung stößt er seine rechte Hand in die Luft. Senta hat kapiert. Sie saust zwischen die Schafe, die sich wie Streusel auf einem Kuchen über den Acker verteilt haben. Rechts schneidet sie einer abtrünnigen Gruppe den Weg ab. Links treibt sie einen Einzelgänger zurück. Von hinten bringt sie den großen Haufen auf Trab.

Mit Blickkontakt an der langen Leine

Aus versprengten Schafen formt sich eine Herde. »Ham Se gesehn«, triumphiert Schäfer Arnold Goldmann, »und die ist erst zwei Jahre alt!« Der Stolz auf das Ergebnis seiner einjährigen Hüte-Ausbildung steht ihm im Gesicht geschrieben. »Ich hab' auch noch nicht gewußt, daß sie das kann«, sagt er und lobt Senta. »Jaaa, hast gut gemacht, du Jampel.« Senta quietscht vor Freude und tanzt aufgeregt um den Schäfer herum. »Anerkennung ist wichtig«, erklärt Arnold Goldmann, »schließlich will der Mensch ja auch gelobt werden, wenn er seine Arbeit ordentlich macht.«

Der stämmige Sechzigjährige mit den klobigen Händen und der kräftigen Stimme schiebt seine Schiebermütze aus dem breiten, braungebrannten Gesicht und schultert seinen Hirtenstab. Erwartungsvolle Blicke von Schaf und Hund, ein Schritt des Schäfers, und schon folgt der ganze Troß, 280 Schafe, ein Esel und zwei Hunde. Es geht einen schmalen Pfad hinauf zum Johannisberg. Aus dem Tal klingt ein Glockenschlag herauf. Die Kirche von Etzenborn lugt mit ihrer Turmspitze über die wenigen Dächer des Dorfes. Der Heimatort von Arnold Goldmann versteckt sich in einer Talmulde des Eichsfeldes. Deutsch-deutsche Geschichte hat Etzenborn den Ortsausgang versperrt. Der Grenzzaun zur DDR engt auch den Bewegungsraum der Schafherde ein. Von Wäldern umsäumt, hat das Etzetal für den Schäfer noch natürliche Grenzen. Das braungelbe Schachbrett der Äcker und Felder läßt ein Minimum an Weideland für die Schafe übrig. Im Sommer kann ihr unersättlicher Appetit nur am Grün des Wegsaums und auf der Pachtwiese gestillt werden.

»Um die Herde auf solch engem Gehüt unter Kontrolle zu halten, da brauch' ich gute Arbeitshunde«, sagt Arnold Goldmann. »Die müssen schon springen bei mir, mit Schoßhunden kann ich nichts anfangen. Und was nichts taugt, geb' ich weg«, fährt der Schäfer fort, mit einer Handbewegung, als ziehe er einen Strich unter eine Rechenaufgabe. Seine Rechnung ging bisher auf, er züchtet seine Hunde selbst. Fast alle haben sich beim Hüten bewährt. Arnold Goldmann ist auf altdeutsche Schäferhunde eingeschworen. »Die haben so was an Fleiß, Robustheit und Widerstandsfähigkeit, das ist enorm«, schwärmt er über die Rasse, die eigentlich gar keine ist.

Die kleine Schäferhundart mit dem langhaarigen, schwarzbraunen Fell und hellen Flecken ist weder vom »Verband für das deutsche Hundewesen« noch von der »Fédération Cynologique Internationale« anerkannt. Selbst die Bezeichnung »altdeutsch« machen einige Rassefanatiker den »Bastarden« streitig. Manche Besitzer des Hovawarts, des alten deutschen Hofwarts, möchten das »altdeutsch« ausschließlich für ihre Rasse gelten lassen. Eines jedoch hat Arnold Goldmann mit den in Rassestandards denkenden Vereinsmitgliedern gemeinsam – das Schönheitsideal. »So 'n reinrassiger Deutscher Schäferhund, der sieht schon fein aus«, freut er sich. Doch aus seinen Erfahrungen mit dem Deutschen Schäferhund zog er den Schluß: Rasse ist nicht gleich Klasse. Einer dieser Hunde hatte die Hüftkrankheit HD, ein anderer dauernd Schnupfen oder Katzenseuche. »Bei sengender Hitze haben sie sich alle aus dem Staub gemacht. Ab in den Schatten«, erzählt der Schäfer. Nein, Hundeadel ist nach Arnold Goldmanns Erfahrung nicht geschaffen für die harte Arbeit. Und um Schafe kräftig anzupacken, braucht der Hund des Schäfers weder Papiere noch Stammbaum. So sagt Arnold Goldmann entschieden: »Man kann mir mit dem bildhübschesten Hund kommen, den würd' ich nicht geschenkt nehmen.«

Seine Hunde müssen nicht für Schönheitskonkurrenzen taugen. Zerzaust, ungekämmt, zottelig gehören sie zum Hundeproletariat. Facharbeiter mit einjähriger Lehre und unkündbarer Lebensstellung, mit freier Kost und Logis. Die siebenjährige Asta, mit kleinem, kantigem Körper und kurzer Nase, ist die Mutter der beiden anderen Hunde. Aus einem Wurf stammen Lux, der Rüde mit der spitzen Nase, und Senta, die Hündin, das Ebenbild ihrer Mutter.

Bis auf die trächtige Asta verbringen sie die Nacht auf dem Feld. Jeden Morgen um sieben Uhr kommt Arnold Goldmann mit seinem Geländewagen zum Pferch gefahren – ein Elektrozaun, der die Herde nachts umgibt. Dort steht auch der Wohnwagen, die Herberge des Schäfers, wenn die Herde weit entfernt vom Dorf lagert. Die Schafe sind vom herbstlichen Bodennebel eingehüllt. Es ist naß und kalt. Lux und Senta kriechen unter dem Wohnwagen hervor. Weiß, mit Rauhreif bedeckt, sind sie den Schafen ähnlich geworden. Sie schütteln sich und tollen freudig herum – vor Feuchtigkeit dampfend.

Arnold Goldmann steckt den Pferch um. Dorthin, wo das Gras für die nächste Nacht noch frisch und saftig steht. Asta bewacht die Herde allein. Das ist zu diesem Zeitpunkt nicht sonderlich schwierig. Geduldig und gelassen schauen sich Schafe und Hund an und warten. Sie wissen genau, gleich gibt es etwas zu beißen. Für die Schafe Gras und für den Hund Schafe!

Aufbruch. Heute bleibt Senta zurück – dienstfrei. Das schrille Pfeifen des Schäfers ist das Startsignal. Mehr als eintausend Hufe trappeln los. »Geh da rüber!« befiehlt Arnold Goldmann. Mit einer kurzen Handbewegung schickt er Lux nach links und Asta auf die rechte Seite des Weges. Irgendwo zwischen Weg und Feld bleiben beide Hunde plötzlich stehen. Ohne Kommando des Schäfers, ohne sichtbare Markierung, so, als hätten sie eine imaginäre Grenze erreicht, die sie nicht überschreiten dürfen. Während die Schafe langsam über den Feldweg trotten, laufen die Hunde auf dieser unsichtbaren Linie entlang. »Das habe ich meinen Hunden im Sommer eingetrichtert, daß die Schafe da nicht rüberdürfen. Bis dorthin wuchs das Korn, und das haben sie sich gemerkt«, erklärt Arnold Goldmann. Die Barriere der aufragenden Kornähren ist für die Schafe auch jetzt Tabuzone, obwohl dort kein Halm mehr steht.

Wo Schäfer Goldmann geht, arbeitet der junge Lux als »Mannhund«. »Mannhund« oder »Beihund« nennen die Schäfer den Hund auf ihrer Seite der Herde. Er ist meist noch nicht so erfahren. Dort kann ihn der Schäfer besser anleiten und durch ständigen Sichtkontakt Fehler verhindern. Der »Halbehund« dagegen muß schon ein ganzer Kerl sein.

Er hütet seine Seite der Herde – die halbe – allein. Nach diesem klassischen Hüteschema arbeiten die meisten Schäfer.

Unermüdlich laufen die beiden Hunde an der Herde entlang, bis zum Äußersten angespannt, jede Bewegung registrierend. »Jetzt sägen sie wieder«, sagt der Schäfer und meint damit das wechselseitige Patrouillieren der Hunde. Schaut einer vorn nach dem Rechten, ist der andere hinten. Ein ewiges Auf und Ab, von der Spitze der Herde zurück zum Ende. Kehrtwendung, nach vorn und wieder zurück, weiter, immer weiter.

Das läuft ab wie ein Uhrwerk. An den Seiten die pendelnden Hunde, in der Mitte die gefräßig kauende Walze. Rupfend, beißend, schlingend, fressend, den Kopf immer zum Boden geneigt, fräst sich die Schafherde durch das Gras. Damit die Wegzehrung sie nicht aufbläht, bis sie steif geworden sind, stellt Arnold Goldmann seinen Schafen das richtige Menü zusammen. Die Erfahrung des Schäfers bestimmt die Mischung aus blähendem Klee, saftigem Gras und schwer im Magen liegenden Kornresten.

Auch wenn es über karge Steinwege geht, trotten die Schafe geduldig, voller Vertrauen hinter ihrem Schäfer her. An der Spitze, dicht an seinen Fersen, kleben immer dieselben Schafe, die »Feinschmecker«, wie Arnold Goldmann sie nennt. »Ja, wie bei den Menschen gibt es auch Schafe mit einem besonderen Geschmack«, behauptet er. Sie führen die Prozession der Nimmersatten an. Ihre Liebe zum Schäfer geht durch den Magen. Sie wissen, er führt sie zu leckeren Weideplätzen. Eines stubst ihn von hinten allzu vertraulich in die Kniekehle. »Das ist doch bestimmt wieder Nummer siebzehn!« schimpft der Schäfer lachend. Tatsächlich, der Clip am Ohr des Schafes trägt die Zahl Siebzehn. Die Liebkosung erwidert Arnold Goldmann mit einem knappen Schlag seines Schäferstabs auf die harte Stirn des Schafes.

»Im Sommer, wenn direkt neben dem Weg die leckersten Sachen wachsen, dann sind es die Feinschmecker, die nur noch dorthin schielen. Wenn man auf die nicht verdammt aufpaßt, dann ist auf einmal die ganze Herde im Kornfeld. Da stehen die Hunde unter Dampf«, meint Arnold Goldmann. Wie sie den Dampf ablassen, zeigt sich wenig später. Ein Schwarzkopfschaf hat sich aus der Herde gestohlen und tut sich am saftigen Grün gütlich. Lux richtet den Kopf auf, entdeckt es, und in geducktem Lauf setzt er dem noch genüßlich kauenden Schaf nach. Blitzschnell ergreift das Schaf die Flucht. Mit langen Sprüngen jagt Lux hinterher, fliegt gleichsam durch das hohe Gras.

Jäh stoppt das Gebrüll des Schäfers seine Verfolgungsjagd: »Du Bärending, kommst du wohl her!« Mit eingezogener Rute und

Rasante Jagd nach dem verlorenen Schaf

gesenktem Kopf trottet Lux zum Schäfer. »Willst du das wohl richtig machen«, schimpft Arnold Goldmann. Dabei verpaßt er dem Hund einen leichten Schlag mit der eisernen Schaufel seines Hirtenstabes, der »Teufelsgeige«. Lux' Fehler: Er hat das Schaf von der Herde weggetrieben und ihm den Rückweg abgeschnitten. »Der muß doch die Nascher zur Herde treiben, sonst jagen die mir noch durch die ganze Prärie«, ärgert sich der Schäfer.
Auch das Schaf soll seine Lektion bekommen. Mit dem Befehl »Los, faß!« hetzt er Lux dem abtrünnigen Schaf erneut hinterher. Doch dies hat sich inzwischen unter 279 gleichaussehenden Artgenossen verborgen. Lux läuft an den Schafen entlang und richtet sich auf. Plötz-

Neidvolle Blicke von der anderen Seite

lich stürzt er sich ins Gedränge, die Schafe stieben auseinander. Eines der Schafe erwischt der strafende Hundebiß. Aber nicht irgendeines aus der Menge erwischt es, sondern genau den »Nascher«, dem Lux die Rüge des Schäfers verdankt.

Arnold Goldmann beschäftigt die Hunde so, daß sich wieder ein Schaf von der Herde entfernen kann. »Such es, verloren!« ruft der Schäfer Lux zu. Diesmal macht der Hund es richtig. Er schlägt einen Bogen und treibt es zu den anderen. Ehe es die Herde erreicht hat, ist Lux herangeschnellt. Ein riesiger Satz, und im Sprung erwischt er den Hinterlauf des Schafes. Er packt den zappelnden Schenkel mit den Zähnen und hängt sich dran. Ohne daß der Schäfer »Aus!« brüllen muß, läßt Lux los. »So gehört es sich, nur in die Waden zwacken«, sagt Arnold Goldmann wie ein zufriedener Schulmeister. Er lobt seinen Hund, weil er die Aufgabe richtig gelöst hat. Wieder bekommt Lux die metallene Schaufel zu spüren. Doch diesmal streicht der Schäfer ihm damit sanft über das Fell.

Arnold Goldmann faßt seine Hunde grundsätzlich nicht an. Er streichelt oder straft sie nur mit dem Hirtenstab, seinem »verlängerten Arm«. »Tätscheln, anspringen oder lecken gibt es bei mir nicht«, sagt er, »schließlich sind das ja keine Schmusetierchen.« Doch Arnold

Streicheleinheiten mit dem Schäferstab

Goldmann spricht zu ihnen wie zu Menschen. Redet er in einem ruhigen, sonorigen Ton, beginnen die Hunde herumzutollen. Schwanzwedelnd wieseln sie um seine Beine herum. Blickkontakt und gute Worte sind die Streicheleinheiten, die sie bekommen.
Lux und Asta laufen unermüdlich auf ihrer Demarkationslinie hin und her. Wenn sich die Schafherde am Tag acht Kilometer fortbewegt, laufen sie etwa die zehnfache Strecke, konzentriert bis in die Haarspitzen, wuschelige Bündel geschäftiger Übereifrigkeit. Doch sie sind nicht strebsam und pflichtbewußt, wie es scheint. Sie wollen nur keine Gelegenheit auslassen, einen Ausreißer zu erwischen. Denn neben dem Lob des Schäfers ist so ein Wadenbiß ihr Erfolgserlebnis.

Einige Schafe haben die Weide verlassen und äsen am Straßenrand. Damit haben sie Lux' Grenze überschritten. Er will sie zurückjagen. Doch der Schäfer pfeift den Hund zurück. »Da können sie ruhig fressen«, sagt er. Kaum hat er dem Hund den Rücken zugedreht, pirscht sich Lux von neuem an die Schafe heran. »Geh da raus!« brüllt Arnold Goldmann plötzlich. Er hat am lautlosen Rascheln hinter sich den Übereifer von Lux gespürt. Die Schafe haben sich unruhiger als sonst bewegt. Von der anderen Seite her beobachtet Asta aufmerksam das Geschehen. Unruhig läuft sie hin und her und gibt quietschende Laute von sich. »Ja, du olle Zicke, du kannst das natürlich besser«, ruft ihr der Schäfer zu. Jeder Hund will der Beste sein, zeigen, was er kann, und das meiste Lob einheimsen. »Es ist wie bei den Menschen, Konkurrenz belebt das Geschäft«, sagt Arnold Goldmann zufrieden.
Auf einem schmalen Weg zieht sich die Herde auf einige hundert Meter auseinander. Der Feldweg ist durch keinen Zaun und keine Kante begrenzt und knickt rechtwinklig ab. Eine schwierige Hütesituation. Passen die Hunde nicht auf, drängen die Schafe weiter geradeaus, kürzen den Weg ab und trampeln querfeldein über die frische Wintersaat. Weit vorn führt der Schäfer die Spitze des Zuges an. Lux und Asta flitzen die lange Strecke entlang, markieren den

Wegknick und machen durch Drohgebärden klar, wer hier mehr Biß hat. Es klappt. Der wilde Haufen von Dickköpfen marschiert im rechten Winkel – wie mit dem Lineal gezogen. »Meine Hunde kann ich auf jede Halbe schicken«, bemerkt der Schäfer stolz und preist damit ihre Selbständigkeit. Ohne Befehl stellen sie sich in Zaunlükken auf, drängen Nachzügler nach vorn oder stellen sich an einer Weggabelung vor die Herde, bis klar ist, wohin es geht. Obwohl Arnold Goldmann seine Hunde fest an einer langen, unsichtbaren Leine hat, meint er: »Die brauchen Freiheiten, genauso wie wir.«

Arnold Goldmann und seine Hunde sind ein eingespieltes Team. »Wenn ich nicht aufpasse, dann hüten die zwei doch glatt ohne mich«, grient er.

Bis er die Hunde so weit hat, muß er viel Mühe und Geduld investieren. Mit neun Monaten beginnt der Ernst des Hundelebens. Schäfer Goldmanns Ausbildungsprinzip: »Man kann von einem Hund nur das verlangen, was er auch wirklich leisten kann.« Manchen muß er hart anpacken, ein anderer ist sensibel und verlangt mehr Feingefühl. Erst wenn ein Hund den Befehlen folgt, kommt er mit zum Hüten, immer dicht an der Seite des Schäfers. Er lernt, auf Worte zu reagieren, dann auf Zeichen. Und nach jedem kleinen Lernschritt gibt es ein Lob. »Das spornt den Hund an«, meint er.

Am Anfang klappt vieles nicht. Aber in einer Phase darf sich Arno Goldmann keinen Schnitzer erlauben, sonst ist der Hund für alle Zeit verdorben. Wenn ein Neuling das erste Mal beißen darf, muß der Schäfer auf der Hut sein. Verbeißt sich der Novize, so daß Blut fließt und er im Beuterausch das Schaf reißt, dann ist ihm dieses Urtriebsverhalten nie wieder abzugewöhnen. Ein Hund, der einmal Blut geleckt hat, taugt nicht mehr für die Hütearbeit.

Vor Jahren hat ein Hund Arnold Goldmanns ein Schaf totgebissen, er mußte ihn weggeben. Ein einziges Mißgeschick in 45 Schäferjahren. Bereits als Junge hatte er seinem Vater beim Hüten geholfen. Auch seine beiden Brüder sind Schäfer. Arnold Goldmann sieht keine rosigen Zeiten für den »Beruf« Hütehund und das Schäferhandwerk: »Die Welt hat sich gedreht. Ich kann schon verstehen, daß die jungen Leute nicht mehr, ob es gießt oder hagelt, ob sonn- oder feiertags, über die Prärie latschen wollen.« Er bedauert sehr, daß sein ältester Sohn nicht in seine Fußstapfen treten wollte. »Der hätte das richtige Feingefühl dafür«, meint Arnold Goldmann.

Obwohl er und seine Hunde keinen Achtstundentag haben, ist er zufrieden. Das sagt er, und das sieht man ihm auch an. Entschädigung ist eine Arbeit fernab von jeder Hektik. In sich ruhend, steht er auf einem weiten Feld, den massigen Körper vornübergebeugt, die Hände auf den Hirtenstab gestützt und rezitiert ein altes Schäfergedicht:

»Ich bin der Schäfer Wohlgemut,
ich pflege meine Tiere gut,
damit sie, groß und klein,
recht mit mir zufrieden seien.«

Entspanntes Tummeln nach getaner Arbeit

KATASTROPHEN
KANN
MAN
ÜBEN

Die Spur führte zu den Brunsmaker Tannen, einem fünf Quadratkilometer großen Wald, östlich von Ratzeburg, nahe der Grenze zur DDR. Seit einigen Stunden suchte die Polizei in diesem Gebiet nach einem vermutlichen Selbstmörder – vergebens. Rettungshunde wurden angefordert. Die Hunde erreichten nach 27 Minuten den Wald. Vier Minuten später hatten sie den Selbstmörder gefunden. Die Pulsadern waren aufgeschnitten, die sofort eingeleitete Erste Hilfe konnte den Mann am Leben erhalten. Sein Lebensretter: Wolf, sieben Jahre alt, Schäferhund. Mehrmals schon hat er Menschen vor dem Tod bewahrt.

Aus einem Protokoll der Polizei-Einsatzleitung: Vermißt wird die neunundsechzigjährige Hedwig K., vermutlich befindet sie sich im Dassendorfer Wald. Kurze Zeit später trifft die alarmierte Johanniter-Rettungshundestaffel ein. Nachdem Polizei und Feuerwehr bereits vergeblich gesucht hatten, begannen Wolf und seine vierbeinigen Kollegen mit der Fährtenarbeit. Nach zwei Stunden intensiver Suche fanden sie die völlig erschöpfte Frau.

Sie werden eingesetzt, wenn Menschen nicht mehr weiterkommen: die Schäferhunde Wolf, Rex, Anja, Ben, Karlo und Grando, die Airedale-Hündin Winni, die Briard-Dame Fannett und Balduin, der Benjamin der Truppe, eine Schäferhund-Labrador-Mischung. Ihre Nasen stehen im Dienst der Möllner Johanniter-Unfallhilfe, eine von 26 bundesdeutschen Rettungshundestaffeln.

Vor sechs Jahren trafen sich einige Hundefreunde, um die Möllner Rettungshundestaffel zu gründen. Nach dem zweijährigen harten Training begannen sie mit ersten Einsätzen. Mittlerweile haben die Johanniter-Rettungshunde zehn erfolgreiche Einsätze hinter sich. Ihr Motto: »Helfen macht Freu(n)de«.

Sonntag morgen. Ein alter Schulungsraum bei der Bundeswehr Mölln: das Büro der Johanniter. Hinter wurmstichigen Holztischen sitzen sieben Männer und eine junge Frau in orangefarbenen Overalls. In Herzhöhe ein aufgesticktes rotes Abzeichen mit weißem

Kreuz – das Emblem der Johanniter. Auf dem Boden wenzeln sich, aufgeregt winselnd, ihre Hunde. Mit orangefarbenen Kenndecken bekleidet, harren sie jaulend dem Einsatz entgegen. Eine Melange aus Kaffeedampf, Zigarettenqualm und dem Geruch von Hundekuchen kräuselt sich durch den Raum. An den Wänden Fotografien: Erste Hilfe – richtig gemacht. Über allem thront – eingerahmt – Schillers »Die Johanniter«: ». . . wenn ihr Löwen der Schlacht, Söhne des edelsten Stamms, dient an des Kranken Bett, dem Lechzenden Labung bereitet und die niedrige Pflicht christlicher Milde vollbringt.«

An diesem Tag beschränkt sich die christliche Pflicht auf die Simulation von Notfällen. Die Hunde sollen vorführen, was alles in ihnen steckt. Ein Planungsstab inszeniert den Ernstfall, die Katastrophe will vorbereitet sein.

»Ein Gebäude ist eingestürzt, unter den Trümmern werden Verletzte vermutet.« Einsatzleiter Bernd Malze erklärt der vollzählig angetretenen Staffel den Auftrag. »Grando und Ben: Sitz!, die andern: Bleib!« Das Kommando von Malze gilt den beiden Profis unter den Rettungshunden. Das zu erforschende Gelände ist ein altes, vor Jahren einge-

Zunächst: Hilfestellung für den Helfer

stürztes Kino. »Unser zweites Zuhause«, bemerkt Wolfs Hundeführer Uwe Märker. Die Kinoruine ist übersät mit Brettern, aus denen Nägel bedrohlich hervorstehen. Glasscherben, verkohlte Balken, eingestürzte Decken, herausragende Gas- und Elektroleitungen – das Übungsgelände ist nicht nur für die Tiere eine gefährliche Spielwiese. Grando beginnt mit der Trümmersuche: In einer Ecke der Ruine, halb verschüttet von Steinen und Brettern, liegt ein Mann, blutüberströmt. In seinem Gesicht zerrinnt eine Mischung aus Ketchup und Schweineblut. »Grando, such!« Hundeführer Dieter Rollnick fordert seinen Rüden lautstark auf. Grando läuft, ohne von Nägeln und Scherben Notiz zu nehmen, zielstrebig auf das simulierende Opfer zu. Als er den Verletzten findet, beginnt er sich unruhig jaulend im Kreis zu drehen. Das nächste Kommando: »Gib Laut!« Grando soll den Verletzten anzeigen, ihn verbellen, wie es in der Sprache der Rettungshundeführer heißt. Der Hund gehorcht und meldet lauthals den Fundort. Der Hundeführer kann den Verletzten lokalisieren. »Braver Hund«, lobt Dieter Rollnick den Retter und gibt ihm seinen Finderlohn, einen Hundekuchen. Für Grando ist der Fall erledigt. Der Verletzte wird medizinisch versorgt und abtransportiert – alles geschieht so wie im Ernstfall.
Das Auffinden von Verletzten gehört zu den leichtesten Übungen der Hunde. Schwieriger wird es in Situationen, wo sie sich mit dem Zeigefinger an die Schläfe tippen würden, wenn sie könnten. Zum Beispiel, wenn sie eine Leiter emporklimmen sollen. Kein Hund käme von sich aus auf die Idee, auf eine Leiter zu klettern. Das gehört aber zum Repertoire eines Rettungshundes. Vorsichtig tasten sich die Profis jede Sprosse hoch. Die selbstsicheren, schutzdienstgeprüften Naturburschen werden dabei zum ängstlich winselnden Hündchen. Mit Zuspruch und Zupacken müssen nun die Rettungshunde selbst über die Leiter gerettet werden. Hunde sind festen Boden unter den Pfoten gewohnt, ein Blick durch die Leiter ins Leere verunsichert sie. Auch der Sprung auf den 1,50 Meter hohen Fenstersims behagt ihnen

nicht. Ein Helfer baut ihnen eine Brücke: Er kniet sich nieder und dient als Sprungbrett.

Die letzte Übung der Trümmersuche. Jetzt wird es brenzlig. Ein Parcours brennender Reifen erwartet die Hunde. Wider ihre Natur laufen sie dicht vorbei an züngelnden Fackeln, springen durch lodernde Ringe. Hundenamen werden durcheinandergerufen. Manche bleiben mittendrin stehen, es kommt zu Staus. Andere springen übereifrig gleich noch einmal zurück.

Ohne Wenn und Aber führen die Hunde jede Order aus. Christian Wald, der Besitzer von Ben: »Er würde alles machen, was ich ihm sage, fast alles. Allerdings muß ich immer bei ihm sein.« Auch Kamikaze-Einsätze würden die Hunde erledigen. Das wollen die Möllner Johanniter ihnen aber ersparen. Sie kommen nur bei vermißten oder verunglückten Personen zum Einsatz. Für polizeiliche Suchaktionen nach Straftätern geben die Möllner ihre Hunde nicht her.

So glimpflich kam der treueste Freund des Menschen nicht immer davon: Bereits im Ersten Weltkrieg arbeiteten vorwiegend Schäferhunde als Melde-, Sanitäts-, Patrouillen-, Spür- und Schutzhunde. Viele von ihnen kamen ums Leben: Sie wurden erschossen, erschlagen, erstochen. Sie explodierten als Minensuchhunde, verbrannten in Feuersbrünsten und wurden unter einstürzenden Gebäuden lebendig begraben. Im Zweiten Weltkrieg schnallte man ihnen Bomben auf den Rücken und jagte sie per Fernzündung in die Luft. Herrchen befahl – der Hund gehorchte.

So gefährlich leben sie heute nicht mehr. Mit einem guten Riecher hat der Mensch auf die Spürnase Hund gesetzt: Drogenspürhunde beim Zoll, Blindenhunde, Sprengstoffschnüffler finden Bomben. Im hohen Norden Kanadas entdecken sie als Pipeline-Spürhunde Risse in defekten Gasleitungen. Die Rohre sind über hundert Kilometer lang und liegen sechs Meter unter der Erde. Was Menschen mit elektronischen und chemischen Methoden, mit

Schalldetektoren nicht gelingt, erschnüffeln Hundenasen. Ebenso einsatzfähig erweisen sich Hunde bei der Schädlingsbekämpfung. Sie erschnuppern die Eigelege der Schädlinge und tragen so zu deren Vernichtung bei.
In der Gegend der norditalienischen Spumantestadt Asti werden Hunde als Trüffelschnüffler eingesetzt. Im Gegensatz zur Konkurrenz, den Trüffelschweinen, haben Hunde eine angenehme Eigenschaft: Sie fressen die teuren Pilze nicht auf.

Eine weitere Eignung der Hunde: die Suche während der Rinderbrunst. Die Hunde sind in der Lage, empfängnisbereite Kühe und Rinder großer Herden geruchlich herauszufiltern. Auf diese Weise läßt sich die fruchtbare Zeit der Rindviehherden besser ausnutzen.
Doch nicht nur bei Rindern, Pilzen, Schädlingen, Gas oder Rauschgift dürfen Hunde schnüffeln. Zur Zeit arbeiten amerikanische Wissenschaftler an der Frage, ob Hunde die von Menschen bei bestimmten Krankheiten ausgeschiedenen Sekrete und Exkremente geruchlich unterscheiden können. Die so frühzeitig erkannten Symptome erlaubten eine erfolgreichere Behandlung der Krankheit. Auf jeden Fall beweist es ein großes Vertrauen in die Leistungsfähigkeit des Geruchdetektors »Hundenase«.
Gegenüber dem Geruchsorgan des Hundes ist das des Menschen ein tumber Tunnel. Bei den Menschen dehnt sich das Riechfeld der Nase lediglich über fünf Quadratzentimeter, die Riechschleimhaut ist 0,006 Millimeter dick. Der Hund dagegen hat ein 140 bis 170 Quadratzentimeter großes Nasenriechfeld, die Schleimhaut ist einen Millimeter stark.
Nicht nur riechen, auch hören können Hunde besser. Das menschliche Ohr empfängt Schwingungen bis zu einer Frequenz von 20 000 Hertz. Der Hund besitzt bewegliche Ohrmuscheln und kann eine Schallquelle bis 40 000 Hertz mit einer Abweichung von ein bis zwei Grad genau orten.

Ein Hunde-Alptraum, doch helfende Pfoten scheuen keine Leiter

Schreien Menschen ihn an, geht dies für den Hund bis an die Schmerzgrenze.

Nachmittag. Für die Möllner Rettungshunde steht nun Stöber-, Fährten- und Flächensuche auf dem Programm. In einem abgelegenen Waldstück (Übungsplatz Bundesgrenzschutz: Unbefugten Zutritt strengstens untersagt) sollen die Hunde eine Fährte aufspüren und Vermißte anzeigen. Ihre Kenndecken sind abgelegt, nun tragen die Hunde Fährtengeschirr.

Einsatzleiter Bernd Malze erklärt den Auftrag: »Wir suchen den vierjährigen Daniel. Er trug zuletzt einen grauen Anorak mit Kapuze.«

Während die Hunde im Auto warten, legt Klein-Daniel mit großen Schritten eine Fährte und versteckt sich im Wald.

Hundeführer Thomas Mader beginnt mit Rex die Suche. Böiger Wind verweht die Fährte. Rex findet die Spur und läuft unbeirrbar mit der Nase am Boden vorbei an Birken und Buchen. Sollte ihm jetzt Reh oder Hase begegnen, er würde nur kurz von der Kinderfährte ablassen, dann aber zu ihr zurückkehren. So ernst nimmt er den Auftrag seines Herrn. Plötzlich bleibt Rex stehen und bellt. Für den Hundeführer verborgen, liegt Daniel zusammengekrümmt in einer laubbedeckten Erdmulde, vom Waldboden kaum zu unterscheiden. Ängstlich blickt er dem laut bellenden, vierbeinigen Helfer entgegen, der über ihm am Rande der Kuhle thront und bellt. Erwachsene wissen, daß Hunde, die bellen, nicht beißen.

Beißen gehört nicht zum Ausbildungsprogramm der Möllner Rettungshunde. Einige von ihnen werden zwar auf Hundeplätzen trainiert, aber immer mit der »freundlichen Reizlage Futter« (Bernd Malze).

»Für mich war die Arbeit auf den Hundeplätzen zu eintönig. Dort ging es immer nur nach Schema F«, erklärt Volker Mann, Kraftfahrer und Besitzer der Airedale-Terrier-Hündin Winni, seinen Wechsel zu den Johannitern. »Wir arbeiten lieber im freien Gelände und gehen bei Wind und Wetter raus.« Bernd Malze ergänzt: »Unsere Hunde sind nicht aggressiv. Wir schauen uns Hund und Halter vor der Ausbildung genau an. Mensch und Tier müssen für diese Aufgabe ein stabiles Nervenkostüm haben. Wenn der Hund psychisch gefestigt ist, mal ein hartes Wort verträgt, dann können wir ihn ausbilden. Angstbeißer, die hinten mit dem Schwanz wedeln und vorne beißen, gibt es bei uns nicht.«

Der vermißte Winzling ist aufgespürt

Die Möllner Johanniter beginnen so früh wie möglich mit der Ausbildung ihrer Hunde. Was Hündchen nicht lernt, lernt Hund nimmermehr. Voraussetzung für die etwa zweijährige Ausbildung ist ein grenzenloses Vertrauen des Hundes zu seinem Führer. Außerdienstlich ist der Hund ein integriertes Mitglied der Familie. Er lebt mit seinem Halter, geht mit ihm spazieren, wird von ihm ernährt. Gemeinsame positive Erlebnisse haben die beiden zu einem Team zusammengeschweißt. Der Hund geht für seinen Herrn durch dick und dünn. Allerdings: Wurde der Hund einmal enttäuscht oder verletzt, dann ist er nicht mehr zu gebrauchen. Volker Mann: »Der Hund macht das, weil er es machen soll. Er ordnet sich mir unter. Weil er mit mir noch keine schlechten Erfahrungen gemacht hat, denkt er, egal, was Herrchen mit mir anstellt, es kann nicht viel passieren.« Bisher ist es immer gutgegangen.

Bei den Johannitern werden keine Hundehalter aufgenommen, für die Hunde der verlängerte Arm der Gewalt sind.

Die Johanniter kamen, mit Ausnahme von Bernd Malze, der als Einsatzleiter keinen Hund hat, zuerst auf den Hund, dann zum Verein. Vorher Mitglied im Gebrauchshundeverein, überredete Malze sie zum Mitmachen für den karitativen Zweck. Hauptsache Verein: Nur in der Gemeinschaft kommt Geselligkeit auf, wird nach außen eine Zusammengehörigkeit demonstriert. »Für uns ist die Arbeit mit dem Tier das Entscheidende«, erklärt Uwe Märker. In welchem Verein sie mit den Hunden arbeiten, ist nicht so wichtig. Die Hilfe, der sie sich bei den Johannitern verpflichtet haben, ist sozusagen das I-Tüpfelchen.

Allerdings sind auch den Helfern manches Mal die Hände gebunden. Nicht jeder Hund kann für alles ausgebildet werden. Bernd Malze: »Von hundert Rettungshunden sind bestimmt neunzig Schäferhunde. Die sind am führigsten und lassen sich am leichtesten trietzen.« Neben den bis heute anerkannten sieben Gebrauchshunden Airedale Terrier, Rottweiler, Dobermann,

Riesenschnauzer, Boxer, Hovawart und Schäferhund haben sich einige Rassen für Spezialaufgaben empfohlen.
Bei der Wasserarbeit ist der Neufundländer dem Schäferhund überlegen. Der kuschelige Riese wurde schon früh als Arbeitshund bei Fischern eingesetzt. Er zerrt Boote, Netze und Ertrinkende an Land. Hans-Dieter Wiesner, Vorsitzender des Deutschen Neufundländer Klubs in Harrislee, Schleswig-Holstein: »Unser Neufundländer Athos ist versessen auf Wasserarbeit. Wenn wir baden gehen wollen, müssen wir neuerdings den Hund im Wagen lassen. Jedesmal, wenn wir ins Wasser wollen, zerrt uns der Hund wieder raus.« Die Amerikaner und Franzosen lassen die Neufundländer als Strandwächter arbeiten, in der Bundesrepublik überlegt die Deutsche Lebensrettungsgesellschaft (DLRG), die Hunde an den hiesigen Stränden einzusetzen.
Von der See zu den Alpen: Barry von St. Bernhard, der mit dem Schnapsfaß am Hals, ist als berühmtester Rettungshund in die Geschichte eingegangen. Vierzig Menschen soll er aus Schneestürmen, Verwehungen und Schneebrettern herausgeholt haben. Seine Nachfahren sind zwar auch talentiert, wiegen aber fast das Doppelte und sind daher für den Lawinendienst nicht brauchbar. Auch in den Bergen hat sich der Schäferhund verdient gemacht. Unter sechs Meter tiefem Schnee wittert er Menschen und buddelt sie aus.
So berühmt wie ihre Kollegen, die Schweizer Rettungshunde, die 1976 nach einer Erdbebenkatastrophe im italienischen Friaul 125 Menschen tot und sechzehn lebendig bergen konnten, sind die Johanniterhunde noch nicht. Trainiert wird jedenfalls genug: Manchmal arbeiten die Möllner sechs Tage in der Woche mit ihren Hunden. Hierbei muß jeder Hund anders behandelt werden, mal streng, mal sensibel. Auch die Talente sind unterschiedlich: Der eine ist besser für die Trümmersuche geeignet, der andere empfiehlt sich eher für die Flächensuche. Uwe Märker, Schwimmeister und Ausbilder von Lebensretter Wolf, findet Fehler verzeihlich: »Jeder hat seine Schwächen, und der Hund ist auch nur ein Mensch.«

MIT DEN WÖLFEN HEULEN

Die Wölfe werden unruhig. Sie kriechen aus ihren Erdmulden, kommen hinter Baumstämmen hervor, tauchen aus dem finsteren Wald auf. Ihr schauriger Gesang beginnt. In langen Wellen schwillt der Ton an, bleibt eine Ewigkeit auf dem Kamm und sinkt dann in die Tiefe. Ein Wolf nach dem anderen stimmt mit ein. Wie sie reckt Werner Freund seinen Kopf in den Himmel. Auch er preßt sich die hohen, schwellenden Töne aus der Kehle. Vier Wölfe scharen sich um den Mann im olivgrünen Overall und stoßen ihr inbrünstiges Geheul zu den Baumwipfeln empor. Es hallt durch den tiefen Wald wie Sirenen bei einem Fliegeralarm. Wolfsgeheul und Sirenenalarm haben beim Menschen dieselbe Wirkung: Entsetzen, Grausen und Beklommenheit. Für die Wölfe bedeutet das Heulen dagegen: Wir gehören zusammen. Das Geheul ist ihre Hymne.

Werner Freund heult nicht nur mit den Wölfen. Ohne Maschendraht zwischen sich und den Tieren lebt er mitten unter ihnen, ist einer von ihnen. Er balgt mit ihnen um das Futter. Er schmust mit ihnen, und er beißt zurück, wenn die Tiere einmal grob werden. »Ich bin aus der Kaste des Homo sapiens in die des Canis lupus übergewechselt«, sagt Werner Freund, »ich bin selbst zum Wolf geworden.«

Wenn er die Gehege im Kammerforst der saarländischen Stadt Merzig betritt, dann legt er nicht nur seinen Zigarrenstummel am Eingang ab. Der vierundfünfzigjährige ehemalige Stabsfeldwebel streift alles Menschliche ab und hat seinen »Wolfspelz« übergestreift. Mit seinem Bundeswehroverall verwandelt er sich in einen zweibeinigen, aufrecht gehenden Isegrim. Er braucht fünf Anzüge und fünf paar Stiefel, für jedes Rudel einen anderen Dreß. »Ich bin so was wie ein Mannequin für die Kumpels hier. Jedesmal, wenn ich von einem Gehege zum andern gehe, muß ich mich umziehen und waschen. Die wittern sonst sofort den fremden Geruch des feindlichen Rudels an mir und bleiben mißtrauisch zurück. In der Rangzeit könnte so was gefährlich werden«, erläutert Werner Freund.

Schaurig-schönes Heulduett: Früh übt sich, was ein Wolf werden will

»Jungeken, Mädeken – Iiiigor Chef, Igor Chef, ja, Mischa ist auch a gudde Wolf, aber Igor ist Chef, Iiigor Chef.« Freunds brummiger Singsang gilt seinen graubraunen europäischen Wölfen. Der Mann hockt auf dem Waldboden. Ein Wolf nach dem anderen begrüßt ihn, streng nach Rangordnung. Zuerst Igor, der Leitwolf. Er springt an ihm hoch, schleckt ihm über Mund und Zähne, jault vor Freude und knabbert zärtlich an Freunds Bart herum. Erst danach dürfen die anderen heran. Alle schlabbern mit ihren Zungen in seinem Gesicht herum. Freund stülpt seine Lippen nach außen und läßt es über sich ergehen. Die Wölfe zeigen ihm damit: Du bist der Boß.

Werner Freund ist der Boß, Rudelführer des durcheinanderwirbelnden Knäuels, das sich ihm an den Hals wirft und mit dem er sich auf dem Waldboden herumwälzt. Er ist auch der Alpha-Wolf bei vier weiteren Rudeln. Vierundzwanzig Tiere, schwarze Timber-Wölfe aus Kanada, weiße Alaska-Wölfe und jugoslawische Grauwölfe. Sie alle respektieren Werner Freund als ihren Oberwolf. Denn er hat ihr soziales Gefüge verstanden. Er hat

begriffen, daß bei den Wölfen nur ein Gesetz gilt: das Recht des Stärkeren. Der Klügste und Kräftigste, meist ein Wolfsrüde, beißt sich gegen seine Rivalen durch. Unter ihm rangeln die Verlierer um ihre Position in der fein abgestuften Hierarchie. Die Rangfolge ist nicht auf Dauer festgefügt. Jedes Frühjahr, in der Rangzeit, entfacht diese Fehde erneut. Werner Freund hat die »Schlacht« für sich entschieden, er hat sich durchgesetzt, als Wolf unter Wölfen. Seine Devise: »Bei Wölfen kann man sich nur wie ein Wolf verhalten.«

Menschliches Mitleid gibt es im Wolfsrudel nicht. Kein Wolf hätte Mitgefühl für einen Verlierer. Der Unterlegene hat sich zu fügen – und fügt sich. Und Werner Freund akzeptiert die Rangfolge unter ihnen. Also läßt sich der Oberwolf zuerst von dem stärksten Wolf begrüßen, widmet sich ihm und stößt den Schwächeren beiseite. Er hat diese Hackordnung nicht von seiner Militärzeit übernommen. Es ist ein Naturgesetz, dem er sich unterwirft und das tief in dem Instinkt der Tiere verwurzelt ist. So wird gewährleistet, daß ein Rudel immer von dem Kräftigsten und Klügsten geführt wird

Zärtlichkeit unter Wölfen: Zuneigung und Ehrerbietung auch für den zweibeinigen Rudelführer

und sich bei der Nahrungssuche und im täglichen Überlebenskampf behaupten kann. Der Beste sorgt für den Nachwuchs und für die Vererbung nützlicher Eigenschaften.
Doch manchmal kann Werner Freund seine menschliche Herkunft nicht verleugnen. Als eine junge Wölfin aus Eifersucht einen Veteranen in den Nacken beißt, geht er dazwischen und vertreibt die Wölfin mit einem Fußtritt, damit der Alte auch weiterhin seinen Lebensabend in Ruhe verbringen kann. Der rauhbeinige Ex-Feldwebel bringt es nicht über sein Herz, der Natur freien Lauf zu lassen. Schließlich hat er die meisten seiner Wölfe im Alter von zwölf Tagen aus ihrer Geburtsstätte, einer Erdhöhle im Gehege, geholt und mit der Flasche großgezogen. Er kaute ihnen das erste rohe Fleisch vor und stopfte es in ihre kleinen Mäuler. In ihrem Wolfsleben spielte er die Rolle der Mutter, des Vaters und schließlich die ihres Anführers. Er hat sich für seine Wölfe sogar einen Bart wachsen lassen, damit sie die nackte Menschenhaut nicht abschreckt. Täglich schafft er aus den entlegensten Winkeln des Saarlandes Fleisch heran. Ein Wolf verschlingt am Tag fast drei Kilogramm rohes Fleisch. »Die Wölfe sind nicht für mich da, sondern ich bin für die Wölfe da«, sagt Werner Freund. »Ich hab' mein Leben den Kumpels verschrieben.«

Kampf um den Fleischanteil – Werner Freund muß sich behaupten

Die Plackerei für seine Wölfe begann vor vierzehn Jahren. »Jugoslawische Wölfe aus Wildfang zu verkaufen, 400 Mark pro Tier«, las er in einer Zeitungsanzeige. Er kaufte sich einen Wolf – nicht etwa, weil er es besonders schick fand.
1933 im hessischen Garbenteich geboren, wuchs Werner Freund mit Tieren auf und hatte von Anfang an eine »goldene Hand« für sie. Seine früheste Kindheitserinnerung: der Ritt des Dreijährigen auf einem Schaf. Später hilft er dem Großvater in dessen Försterei und dem Onkel beim Schafehüten. Er streicht lieber durch das Unterholz des Waldes, als sich durch das Dickicht der Mathematik zu quälen. Im Stuttgarter Zoo »Wilhelma« arbeitet der Siebzehnjährige zunächst als Gartenbaugehilfe, dann als Tierpfleger. Er zieht Löwenbabys groß, fängt ausgerissene Affen wieder ein und bezieht von einem Puma Prankenhiebe. Zum Entsetzen der Zooleitung bringt er in seiner Freizeit den Löwen Kunststückchen bei.
Werner Freund meldet sich zur Bundeswehr. Eine Einzelkämpferausbildung macht ihn zum Waldmenschen in Uniform. Er lernt, was ihm schon immer das Liebste war: im Wald leben und überleben. In seinem Urlaub macht er Expeditionen in ostasiatische Regenwälder, afrikanische Dschungel oder in das südamerikanische Chaco. Während seiner fünfzehn Reisen interessiert er sich vor allem für das Leben zivilisationsferner Naturstämme. Seine Erfahrungen, wie man sich nachts orientiert, Forellen mit der Hand fängt oder sich zur Not den Magen mit Regenwürmern füllt, gibt er später an seine Rekruten weiter. Als Ausbilder für Einzelkämpfer beim Fallschirmbataillon 262. In den Sandsteinhöhlen des Saarlandes teilt er das Nachtlager mit dem Maskottchen des Bataillons, dem Bären »Alfred«.

Heute übernachtet der pensionierte Soldat bei den weißen Tundrawölfen. Sie haben drei Junge, und Werner Freund will in der Prägungsphase der vier Monate alten Wolfskinder dabeisein. Mitten in ihrem zwei Hektar großen, umzäunten Auslauf steht eine riesige Munitionskiste. Werner Freund kriecht hinein.

Nachtruhe im Wolfsgehege

Weiße Flecken im fahlen Mondlicht schleichen langsam herbei. Die Tundrawölfe krabbeln in das Strohlager und rollen sich bei ihrem Rudelführer ein. Sie lassen sich streicheln und legen sich dann vor die Tür. Im Stroh ist es ihnen zu warm. Ihr Fell ist für die Außentemperaturen Alaskas geschaffen. Im Winter jedoch, wenn es so kalt ist, daß Werner Freund der Atem im Bart gefriert, dann schmiegen und wärmen sie sich aneinander, der zweibeinige Wolf und seine sechs weißen »Kameraden«.

Einmal, am Anfang seines Wolfsdaseins, hatte sich des Nachts Riese auf Freunds Bauch breitgemacht. Er stieß den Grauwolf beiseite, der seinen Namen Riese zu Recht trägt. Wütend biß der Wolf ihm in die Stirn und in den Hinterkopf. Beim nächsten Angriff beißt er mir die Krawatte ab, dachte Werner Freund. Riese kam noch einmal zurück – er leckte seinem Boß liebevoll das blutüberströmte Gesicht. Später begriff Werner Freund: Kein Wolf stört den anderen in der Nachtruhe, auch der Stärkste den Schwächsten nicht.

Werner Freund mußte mehr als einmal Lehrgeld zahlen. Völlig gedankenlos hatte er früher einmal an einen Baum gepinkelt. Ausgerechnet während der Triebphase der Wölfe. Igor, der stärkste Wolf nach Werner Freund, verstand das als Kriegserklärung. Die beiden Rudelführer teilen sich nämlich die Arbeit. Freund sorgt für Futter und Igor für Nachwuchs. Die Duftmarke am Baum war für Igor das Alarmzeichen: Nun will der Boß auch noch die Wölfin Anuschka für sich.

Als Werner Freund nach einiger Zeit wieder zum Rudel kommt, spürt er sofort: Meuterei im Wolfsgehege. Igor hat die Nackenhaare gesträubt und die Ohren zurückgestellt. Mit Falten auf dem Nasenrücken und offenen Lefzen zeigt er seine Fangzähne. Hinter Igor stehen die anderen vier Rudelmitglieder – geduckt, den Kopf nach vorn gereckt und warten. Werner Freund weiß: Bei Wölfen wird lange vorbereitet, aber in Sekunden entschieden. »Die wollten, daß mir das Herz in die Hose rutscht«, erinnert er sich. »Beim kleinsten

Zeichen der Angst hätten die sich sofort auf mich gestürzt.« Ein Wolfsgebiß zermalmt selbst mächtige Rinderknochen wie dünnes Hühnerbein. Werner Freund behielt die Ruhe. »Ich konzentrierte mich nur auf Igor, schaute ihm immer fest in die Augen, ging langsam auf ihn zu. Der Kerl setzte zum Sprung an, da verpaßte ich ihm einen Tritt in die Rippen. Er jaulte wie ein Schloßhund und haute ab«, schildert Werner Freund das Erlebnis. Das Rudel schlug sich auf die Seite des Gewinners – die Rangordnung stimmte wieder.
»Glatter Selbstmord«, kommentiert ein Zoodirektor Freunds Leben mit den Wölfen. Und weil er sich nicht an das »Zutrittsverbot« der »Richtlinien für die Haltung von Wildtieren« hält, hat ihm die Versicherung gekündigt. Übernachtungen mit Tundrawölfen passen nicht in die Verordnungen des »Gemeindeunfallversicherungsverbands für das Saarland«.

Aber gerade das Eintauchen in die Welt der Wölfe unterscheidet Werner Freund von den arrivierten Verhaltensforschern. »Die stehen draußen am Zaun und sezieren die Wölfe mit dem Kugelschreiber.« So konsequent wie Werner Freund hat sich bislang niemand dem Leben der Wölfe unterworfen. Wie kein anderer arbeitet der Wolfsforscher mit den Tieren, auch während der Rangzeit und im Erwachsenenalter. Er beobachtet ihr bislang kaum bekanntes Sozialverhalten von innen, aus dem Gehege und aus dem Gefühl, heraus. »Ich will nicht, daß die Wölfe zu halben Menschen werden«, sagt er und wird lieber selbst zum Wolf.
Daß er mit ihnen auf dem Boden herumkriecht, ist für ihn kein Abstieg. Sich vom aufrechten Gang herunterzubegeben, empfindet er als Verbeugung vor dem Wolf. »Ich habe viel von den Wölfen gelernt«, sagt er mit tiefer Hochachtung. »Es sind äußerst sensible Tiere.« Vor allem bei Igor hat er die Schulbank gedrückt. »Jedes Tier im Rudel ist ein eigenes Individuum, aber Igor, der ist schon der Klügste«, findet Werner Freund. Als Igor mit einer List vom Thron geputscht wurde, fand er sich auf der untersten Rangstufe wieder.

Vorspiel für die Rangkämpfe: Zähne zeigen und sich durchbeißen

Der kräftige Sascha hatte sich mit dem nicht so schlauen, von Freund »Schlägertyp« genannten Mischa zusammengetan. Als Sascha kurz darauf starb, kämpfte sich Igor in zwei Tagen wieder an die Spitze. »Ein Wolfsrudel ist wie unsere Gesellschaft. Auch bei den Menschen gibt es welche, die sich durchbeißen, und andere, die gebissen werden«, sagt Werner Freund. »Nur bei den Wölfen könnte sich niemals ein Schwachkopf durchsetzen so wie bei uns.«

Wie Freund hat auch sein Hund vom Wolf gelernt. Den jungen Hundemischling Ringo zog er zusammen mit dem gleichaltrigen Wolfswelpen Johnny groß. Zunächst sah es so aus, als sei der Hund die stärkere Persönlichkeit. Nach zehn Wochen jedoch erbeutete das Wölfchen bereits ein lebendes Huhn, während der kleine Hund noch ein Spielverhalten zeigte. »Ein Hund bleibt in seiner Entwicklung stehen, ein Wolf aber lernt aus den eigenen Erfahrungen immer mehr dazu, entwickelt sich ständig weiter«, hat Werner Freund beobachtet. Noch heute, die beiden Spielgefährten von einst sind wieder unter ihresgleichen, macht der Hund mit seiner tiefen Baßstimme kläglich das Geheul der Wölfe nach. Wolfsinstinkte nachahmend, betritt er niemals ein Gebäude. Der Wolf aber bellt nicht und wedelt nicht mit dem Schwanz. Werner Freund hat einen markanten Vergleich parat: »Hunde sind wie zivilisierte Menschen und Wölfe wie ursprüngliche Naturvölker.« So, wie der Großstadtmensch im Gegensatz zum Urwaldmenschen nicht mehr die Spur des Wildes riechen kann, so hat der Hund nicht mehr die Instinkte eines Wolfes.

Das Hirn eines Hundes ist um etwa dreißig Prozent geringer als das des Wolfes, haben Wissenschaftler herausgefunden. Sie behaupten deswegen aber nicht, daß der Hund dümmer ist. Er hat nur nicht mehr die angespannte Aufmerksamkeit eines Wildtieres nötig, muß seine Sinnesorgane nicht mehr so intensiv nutzen. Der Hund konnte Hirnmasse abspecken, weil der Mensch ihm den täglichen Überlebenskampf abnahm.

Vor etwa 14 000 Jahren wurde der domestizierte Wolf Urvater aller Hunderassen. Gleiche Zahneigenarten, Blutwerte, Organgewichte, gleiches Sozialverhalten, Verständigungsrepertoire und sexuelle Affinität von Wolf und Hund: wissenschaftliche Argumente, daß Wolf und Yorkshire-Terrier offensichtlich etwas gemein haben müssen.

Gott schuf den Wolf? Aber der Mensch schuf den Hund! Der Mensch war es, der aus dem Wolf einen Yorkshire-Terrier machte oder einen Windhund. Er selektierte unter den Wolfsnachfahren nach seinen Bedürfnissen, so daß aus dem Wildtier ein ergebener Hausgenosse wurde. Unter der Obhut des Menschen konnte der Wolf seine Anpassungsfähigkeit beweisen. Groß oder kurzbeinig, langhaarig oder glatt, in vielerlei Gestalt kam der Wolf auf die veränderte Welt – und war kein Wolf mehr. Er war Hund, und er war zu etwas zu gebrauchen. Fast 400 Hunderassen, ganz zu schweigen von den vielen bunten Mischlingsblüten, verbreiteten sich über den Erdball wie kaum ein anderes Haustier.

Und der Wolf? Er hat sich nicht unterworfen, er nützt dem Menschen nichts – er ist zum Abschuß freigegeben. Wie in Alaska, Portugal oder der UdSSR werden die letzten Hundenaturvölker ausgetilgt. Den Massenmord am Wolf betreibt man zum

Schlafende Wölfe soll man nicht wecken

Beispiel in der kanadischen Provinz Britisch-Kolumbien. Mit 500 von der Regierung ausgegebenen Fangeisen und genehmigten Jagdsafaris rücken Trapper und Reiseveranstalter dem Wolf auf den Pelz. Trophäensammlern sollen kapitale Hirsche – ohne die »Jagdkonkurrenz« der Wölfe – zum Abschuß zur Verfügung stehen.
Obwohl es in Kanada noch Gebiete gibt, in denen eine der größten Wolfspopulationen der Welt lebt, konnte hier lediglich ein Wolf pro zwanzig Quadratkilometer gezählt werden. Zurückgedrängt in die entlegensten Schlupfwinkel der Erde, sind die letzten Überreste der Wolfsbestände von der Ausrottung bedroht. In der Bundesrepublik gibt es bereits seit der Jahrhundertwende keine wildlebenden Wölfe mehr. Sie haben keine große Lobby wie Wale oder Seehunde. In den Augen der Menschen sind Wölfe nun mal nicht so niedlich wie Robbenbabys. Der Wolf ist verschrien als Haifisch zu Lande.

Dabei ist die Geschichte vom bösen Wolf nur ein Märchen. Sicher haben vor langer Zeit ausgehungerte Wölfe auch Menschen angegriffen. Doch dies ist über zweihundert Jahre her. Die überaus scheuen Wildtiere gehen dem Menschen, den sie meilenweit wittern, aus dem Wege. Man hat aus dem Wolf einen »Elefanten« gemacht. »Die Ängste vor dem Wolf stehen in keinem Verhältnis zu seiner tatsächlichen Gefährlichkeit«, sagt Freunds Forscherkollege Erik Zimen dazu. »Wir haben die Angst, nicht mehr Jäger, sondern Beute zu sein, von unseren steinzeitlichen Vorfahren geerbt.« Trotzdem oder gerade deswegen üben Wölfe eine magische Anziehungskraft auf Menschen aus.
»Zum Wolfsgehege« steht auf den Wegweisern der Stadt Merzig. Am Wochenende strömen sie in den Merziger Forst, die wenigen ehrfürchtig Flüsternden und die Masse der lärmenden Schaulustigen. Mittags, der Sonntagsbraten liegt noch schwer im Magen, stehen sie voller Erwartung an den Gehegen – und sind enttäuscht. Die jungen Wölfe schlagen keine Purzelbäume, und die alten verhalten sich kein bißchen grimmig. Dann will man den »Wolfsnarren« sehen. Erstau-

nen, oftmals Ekel ist in ihren Gesichtern, wenn er sich von den Wölfen den Mund ablecken läßt. Erschaudernd sehen sie zu, wenn die Wolfszähne Werner Freunds Kinn berühren. Daß die Wölfe beim spielerischen »Über-die-Schnauze-Beißen« so zärtlich und gefühlvoll mit ihren sonst so knochenbrecherischen Zähnen umgehen, scheint das Publikum nicht zu bemerken. Sich unbeobachtet fühlend, werfen manche Hölzer, Äpfel oder Steine ins Gehege, pieksen mit Stöcken nach den Tieren oder hetzen ihre Hunde an den Zaun. Die wahren Wölfe stehen außerhalb des Geheges.

Wieder fällt ein feindliches Rudel in den Stadtwald ein, immer dem Wegweiser folgend. Sie pirschen sich an den Zaun, umzingeln Werner Freund. Ihr Rudelführer tut sich durch kluges Fragen hervor: »Kann ich da jetzt ins Gehege reingehen?« Werner Freund fragt zurück: »Was wollen Sie denn da drin?« Die Worte sprudeln nicht gerade aus dem »Wolfsmenschen« heraus. Mit den Wolfstugenden Behutsamkeit, Zurückhaltung und Geduld erklärt der Forscher die Wesensart seiner Tiere. Der zweite Anführer des Menschenrudels meldet sich zu Wort: »Wozu sind Wölfe eigentlich nützlich?« – »Ja«, antwortet Werner Freund schmunzelnd, »sie geben zehn Liter Milch am Tag.« Dann wird er bissig: »Die Natur fragt nicht danach. So können nur wir Menschen fragen: Was nützt uns das? Was bringt uns das ein?«
Werner Freund heult nicht mit den Wölfen.

Mit knochenbrecherischen Zähnen kann auch sanft geschmust werden

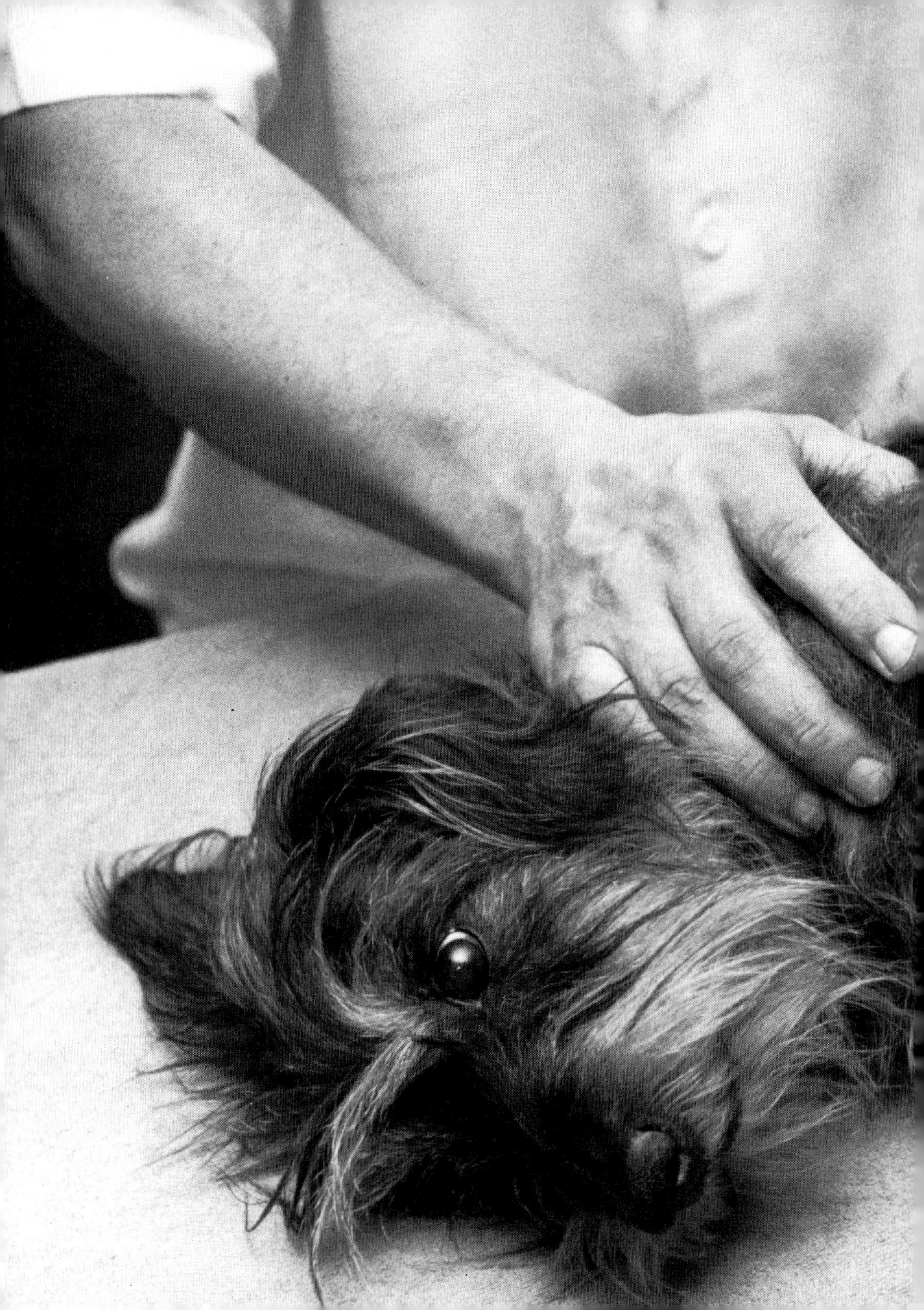

WAUWAU HAT WEHWEH

Als Goethe und Schopenhauer auf den Hund kamen, wurden sie bissig. »Wundern kann es mich nicht, daß die Menschen die Hunde so lieben; denn ein erbärmlicher Schuft ist, wie der Mensch, so der Hund«, schrieb der Literat Goethe in seinen »Venezianischen Epigrammen«. Dem Philosophen und Hundefreund Schopenhauer sträubten sich die Nackenhaare. Er, der den Menschen oft argwöhnisch gegenüberstand, seinen Pudel aber testamentarisch bedachte, kläffte zurück: »Wundern darf es mich nicht, daß manche Hunde verleumden: Denn es beschämet zu oft leider den Menschen der Hund.«

Hebbel bellte Zustimmung: »Wundern muß ich mich sehr, daß Hunde die Menschen so lieben; denn ein erbärmlicher Schuft gegen den Hund ist der Mensch.« Hebbel betrachtete den Hund als »sechsten Sinn des Menschen«.

Mit der Eintracht der schreibenden Zunft war es fortan vorbei, jeder trollte sich in sein Revier zurück.

Zweihundert Jahre später – noch immer sieht manches Herrchen den Hund als seinen sechsten Sinn. Nur der Hund hat oft nicht mehr alle fünf Sinne beisammen. Verhaltenstherapeuten und Veterinärmediziner, Kynologen (Hundeforscher) und Hundemasseure rücken dem besten Freund des Menschen zu Fell. Von der Transplantation einzelner Hüftgelenke für den dysplasiegeschädigten Großhund bis hin zu fernöstlicher Meditationsmusik für den gestreßten Wachhund – keine Diagnose ist mehr unmöglich, jede Therapie probat.

Zum Beispiel Cucky: Sitzlings rutscht er in die Massagepraxis von Hermann Meyer. Der elf Jahre alte Hund leidet an Dackellähme und kann nur noch nach einer Massagebehandlung auf seinen Hinterbeinen stehen. Nicht nur Dackel sind von dieser schmerzhaften Lähmung betroffen: Cucky ist ein Schäferhund. Seine Krankheit ist das Ergebnis eines jahrelangen Gebrauchshundedrills. Dabei sitzt der Hund oft stundenlang im kühlen Gras und wartet, bis er endlich seine Sprungfähigkeit über eine 1,80 Meter hohe Barriere unter Beweis stellen darf. Beim Sprung sind die Muskeln unterkühlt, es kommt zu Zerrungen und Verstauchungen. Ein Sportler würde diese Übung ohne Aufwärmtraining auch nicht unbeschadet überstehen.

Für Masseur Meyer ist Cucky ein alltäglicher Routinefall. Tagsüber leitet er eine Massagepraxis für Menschen. Abends kommen die Behandelten wieder, dann mit ihren Hunden. Hermann Meyer, bislang Deutschlands einziger Hundemasseur, hat nun durch seinen ehemaligen Schüler aus Düsseldorf Konkurrenz bekommen.

Meyer ist oft das letzte Glied in einer langen Kette von Behandlungsversuchen. Meist gehen die Hundehalter zuerst zu einem »ordentlichen« Veterinärmediziner. Kann dieser keine Heilung erreichen, ist der Tierheilpraktiker die nächste Station. Wenn auch er versagt, versprechen sich die Hundebesitzer

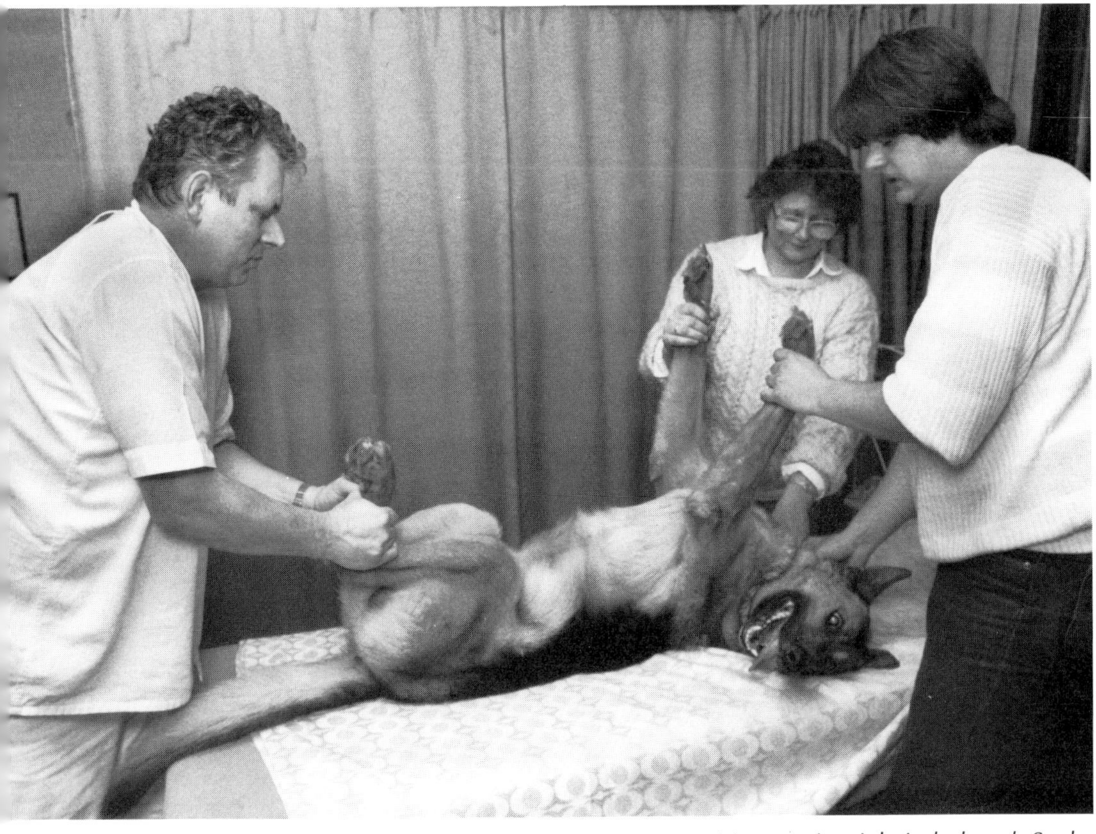

Massage ist nicht jederhunds Sache

zumindest Schmerzlinderung für ihre Lieblinge vom Masseur. Die Behandlung ist vergleichbar mit der Massage beim Menschen: Schmerzende Gelenke und Muskeln werden durchgewalkt. Für die traktierten Hunde ist diese Behandlung oft unangenehm: Sie jaulen und wimmern. Trotzdem muß Meyer seinen Patienten nur selten einen Maulkorb verpassen. Den meisten Hunden hat er gleich bei der ersten Behandlung klargemacht, wer hier der Chef ist. Die Tiere unterwerfen sich, Knurren und Schnappen ignoriert Meyer. Auch Schäferhund Cucky weiß, was ihn erwartet: Der Schwanz ist zwischen den Hinterbeinen eingeklemmt, er zerrt an der Leine, will wieder nach draußen und nicht auf den Behandlungstisch. Nach der etwa zwanzigminütigen Behandlung ist er jedoch guter Dinge und kann sogar auf allen vieren stehen, wenn auch sehr wacklig.

Coco, der nächste Patient, erinnert mich an den Dackel meiner Oma. Er hieß Purzel – im Rheinland nennt man fast alle Dackel Purzel. Er war viel zu fett, weil Oma ihren Hund immer nur trug. Gassi gehen hieß, getragen werden. Einzig zu Hause durfte er sich »zu Pfote« herumschleppen. Wenn er mal laufen durfte, fegte sein Bauch den Boden. Oma hatte zu Purzels Abmagerung eine besondere Diät entwickelt: Sahne, Eigelb und Cognac miteinander verquirlt. Der pummelige Mops schleckte den cremigen Diätcocktail, und tatsächlich, er speckte ab. Nur die Lebenserwartung Purzels war nicht sehr hoch. Doch war der eine Purzel gestorben, kam der nächste ins Haus, und die Prozedur ging von vorn los.

Fehlerhafte Ernährung gehört zu den größten Sorgen deutscher Tierärzte und Kynologen. Die Wohlstandsfreßwelle ist an den Hunden nicht vorbeigegangen. Einer Untersuchung der Tierärztlichen Hochschule Hannover zufolge leiden dreißig bis vierzig Prozent der Vierbeiner an Verfettung. Während bei den schlanken Hundebesitzern nur zwanzig Prozent der Hunde zu dick waren, gab es bei den wohlbeleibten Hundehaltern 63 Prozent fette Hunde. Wie der Herr, so 's Gescherr.

Auch Dackel Coco ist zu fett. Zudem leidet er an Dackellähme, einer Wirbelsäulenerkrankung, die gerade bei dieser Rasse häufig vorkommt. Seit Dackel in Mode kamen und in Serienproduktion gingen, sind sie fehlgezüchtet und degeneriert. Das größte Unheil für die Dackel: der »Meterpreis« – mehr Zentimeter, mehr Geld. Die Streckzüchtung bringt erhebliche Bandscheibenprobleme mit sich: je länger das Tier, desto instabiler die Bandscheibe; der Bandscheibenvorfall (Prolaps) ist vorprogrammiert. Diese Dackel müssen starke Schmerzen ertragen: Die Bandscheibe drückt auf das Rückenmark und damit auf das zentrale Nervensystem. Treppensteigen ist für viele

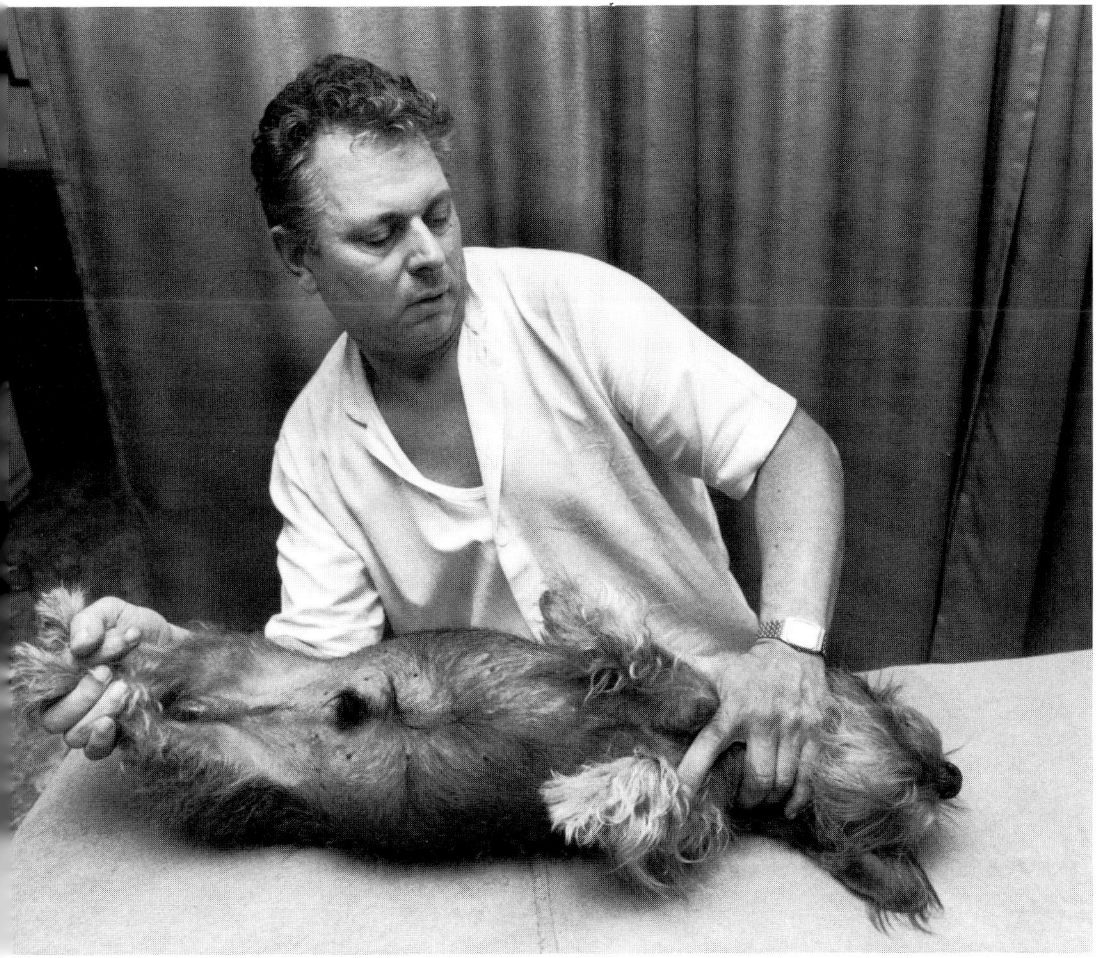

Genüßlich läßt sich der Dackel durchkneten

Dackel eine Tortur. Masseur Meyer kann bei Coco, dessen Vater noch ein internationaler Schönheitschampion war, nur eine momentane Schmerzlinderung erreichen. Auf Dauer ist dieser Schaden irreparabel. Coco zumindest genießt die Massage, er wälzt sich genießerisch auf dem Behandlungstisch hin und her. Er kann von Meyers wohltuenden Griffen nicht genug bekommen. Langfristig wird die Massage jedoch nichts nützen, denn Cocos Herrchen will mit dem Fahrrad nach Hause fahren. Coco wird angeleint wohl oder übel mitlaufen müssen. Cocos Herrchen: »Der Hund muß ja auch ein bißchen Auslauf haben.« Vorsorglich hat er Coco für die folgende Woche zur nächsten Massagesitzung angemeldet.

Während die Hundemassage noch keine Nachahmer fand, hat sich die »Veterinärpsychiatrie« bereits durchgesetzt. Das wachsende Mißtrauen gegenüber der herkömmlichen Humanmedizin rief auch bei Hundehaltern ein neues Bewußtsein hervor: Seit Herrchen auf alternative Medizin setzt, sind die Wartezimmer von Deutschlands Tierheilpraktikern voll wie nie zuvor. Wahre Wunderheilungen werden ihnen nachgesagt, den etwa zweihundert Tierheilpraktikern, die es mittlerweile in der Bundesrepublik gibt. Der dem »stern« bekanntgewordene Fall der Cokkerspanielhündin Diana: Ihr wurden in der Tierärztlichen Klinik in Hannover Nierensteine entfernt. Als die Wunde nach drei Wochen noch nicht verheilt war, nahm Besitzerin Ilse Langhammer das Tier aus der Klinik und bat den ehemaligen Werbegrafiker und heutigen Heilpraktiker Randolf Andreas Behnke um Hilfe. Der Homöopath und Hundefreund Behnke (Firmenschild: Wenn ich da bin, ist Sprechstunde) verordnete ihr per Telefon Kieselsäuretropfen. Diana schluckte das verschriebene Präparat, die Wunde schloß sich. Die Nierenbeschwerden waren weg.

Seit Jahren hält Behnke seine Sprechstunde überwiegend am Telefon ab. »Ich muß die Tiere zur Diagnose nicht sehen. Es genügt, daß die Besitzer das Verhalten und die Probleme ihrer

Hunde schildern.« Kosten der Diagnose und Therapievorschläge: Erstanrufer zahlen fünfzig Mark, Dauerkunden zwischen zwanzig und dreißig Mark pro Anruf. Die Zahlungsmoral mancher Anrufer läßt jedoch zu wünschen übrig. Eine Krankenkasse für vierbeinige Patienten muß sich erst noch durchsetzen.

Karsten Lange ist in Hamburg Kleintierheilpraktiker. Der ehemalige Kunst- und Physikstudent fand als Lehrer keine Anstellung. Seit einem Jahr versucht er nun, Tieren Heilung zu verschaffen, die vorher vergebens beim Tierarzt auf Hilfe hofften. Die Mund-zu-Mund-Propaganda zufriedener Hundehalter bringt ihm ständig neue Kundschaft. »Zu mir kommen meistens Tiere mit chronischen Erkrankungen. Viele waren vorher in tierärztlicher Behandlung, die nichts brachte. Oft wurden dort Cortisonspritzen gegeben, deren Depotwirkung bei vier Wochen liegt. Nach dieser Zeit waren die Beschwerden wieder da. Es wurden immer nur die Symptome bekämpft, nicht aber die Ursachen.«

Lange schaut sich die Auswürfe der Hunde an, fragt, ob der Hund mehr Wasser läßt, als er zu sich nimmt, oder ob der Urin nur tröpfchenweise kommt. Daraufhin verschreibt er für diese oftmals nervlich angekratzten Tiere homöopathische Präparate.

Viele der 5 692 bundesdeutschen praktischen Tierärzte (Stand: Dezember 1987) stehen den Tierheilpraktikern mißtrauisch gegenüber. Sie betrachten sie nicht nur als unnütze Konkurrenz, sondern halten sie oft auch für medizinisch unzureichend qualifiziert. Dennoch lassen sich ihre Heilerfolge nicht einfach vom Tisch wischen. Das wissen auch die Tierärzte, und ständig steigt die Zahl der Veterinäre, die Hand in Hand mit den Heilpraktikern arbeiten. Wie zum Beispiel Dr. D. Er hat keine Nimbusprobleme, wenn er von Fall zu Fall Patienten an einen Heilpraktiker weiterleitet. »Häufig können die besser helfen und haben, was homöopathische Therapie angeht, einfach einen besseren Überblick als ich.« In seiner Praxis in einem vornehmen Hamburger Stadtteil sind häufig Modehunde mit

Modekrankheiten Patienten. Die Hitparade der Hundekrankheiten wird von Hautekzemen angeführt. Schuppen, Schorf und schmerzhafte Augen- und Ohrenentzündungen als Folge von Luft-, Boden- und Wasserverschmutzung.
An zweiter Stelle der Hundeerkrankungen stehen Störungen des Bewegungsapparates: Hüftgelenks- und Ellenbogendysplasie (Knochengelenke springen aus der Gelenkpfanne, der Hund kann nur noch humpeln). Davon sind besonders Großhunde wie Sennenhunde und Bernhardiner betroffen.
Gerade diesen Erkrankungen stehen die traditionellen Tiermediziner oft hilflos gegenüber. Selten reicht ihre Therapie über schmerzstillende Injektionen hinaus. Gezielte Gelenktransplantationen werden im Ausland probiert, sind aber medizinisch nicht ausgereift. Die bisherige Methode: Der Tierarzt schneidet die betreffenden Muskeln durch. Der Hund kann zwar wieder laufen, aber wacklig, denn die Kraft der betreffenden Muskeln fehlt. Tierheilkundler können hier besser helfen: mit Elektro- und Laserakupunktur, Magnetfeldbestrahlung oder Ozonbehandung. Eine gut gesetzte Akupunkturnadel löst die verkrampfte Muskulatur, die herausgerutschte Bandscheibe gleitet zurück.

Tierheilpraktiker André Grafe in Bad Bramstedt hat mit seinen tierärztlichen Kollegen keine Berührungsprobleme. Nicht nur seine ortsansässigen Kollegen schicken ihm Problemfälle, sogar aus Teneriffa werden Tiere eigens für eine Behandlung eingeflogen. Grafe ist bei Veterinären und Heilkundlern gleichermaßen anerkannt, denn er hat beide Ausbildungen hinter sich. In Polen und in der Bundesrepublik hat er Tiermedizin studiert. Unzufriedenheit über die Grenzen der traditionellen Therapien hat ihn zum Heilpraktiker werden lassen. Selten muß er auf seine alten Kenntnisse als Mediziner zurückgreifen. Heute helfen ihm Homöopathie und Akupunktur weiter als früher Spritzen und Operationen. Grafes Kritik an den Tiermedizinern: ihr mangelndes Vertrauen in die Selbstheilungs-

Alternative Medizin: Heilpraktiker Grafe mißt einen Akupunkturpunkt

kräfte der Natur. »Außer in der Massentierhaltung heilen 95 Prozent der Krankheiten von selbst. Die Natur regeneriert sich von allein. Bei den Ärzten werden diese Selbstheilungskräfte nicht genutzt.«
Wenn diese Selbstheilungskräfte sich nicht von selbst einstellen, hilft Grafe der Natur ein wenig auf die Sprünge. Pascha, ein fünfzehn Jahre alter Eurasier, hat schon einiges über sich ergehen lassen müssen: Zähne wurden ihm gezogen, einen Nierenkatheter mußte er sich setzen lassen, und Herztropfen hat er gegen seine Herzrhythmusstörungen geschluckt. Nun ist er trotz seines hohen Alters ein fröhlicher und lebendiger Geselle.

Bei Pascha ist der Regelkreis Tierarzt noch nicht geschlossen. Er fühlt sich in Grafes Praxis wohl, tollt herum und will mit dem Tierarzt spielen. Normalerweise ist es nicht einfach, einen Hund zum Tierarzt zu bringen. Er sträubt sich, verkriecht sich winselnd in eine Ecke und stemmt sich mit allen vieren gegen das drohende Unheil. Das Verhalten des Besitzers, die Fahrt in den Stadtteil des Arztes oder ein Baum lassen beim Hund die Alarmglokken läuten: Es geht zum Tierarzt.
Für Grafe sind nicht so sehr Krankheitssymptome wichtig, er schaut vielmehr auf Ursachen. Tiere sprechen nicht über ihre Krankheit, aber sie können erzählen: Sie verkrümeln sich still in eine Ecke, machen in die Wohnung, heben beim Gassigehen dauernd das Bein oder greifen fremde Menschen an. Das sind Reaktionen auf bestimmte Ursachen. »Symptomjägerei« will Grafe nicht betreiben. Er verschreibt keine Medikamente für einzelne Krankheitserscheinungen, sondern behandelt das gesamte Krankheitsbild des Hundes – Ganzheitsbehandlung beim Hund.

Die größte Bedrohung für die Gesundheit des Hundes sieht Grafe jedoch anderswo: »Das Jahrhundert der Bakterien ist vorbei, nun folgt das viel schlimmere Jahrhundert der Viruserkrankungen.« Aids gehört – noch – nicht zu den Hundekrankheiten.

Nebenbei betreibt Grafe eine Ausbildungsstätte für angehende Tierheilpraktiker. Seitdem dieser Beruf in Mode gekommen ist, bemühen sich viele um einen Ausbildungsplatz. Bewerben kann sich jeder, Eingangsvoraussetzungen gibt es nicht, ebenso keine einheitlichen Prüfungsordnungen. Der Beruf des Tierheilpraktikers unterliegt keiner gesetzlichen Regelung.

Die Schulung der angehenden »Veterinärpsychiater« ist umstritten und manchmal sogar obskur. Seriöse Ausbildungsstätten wie Grafes Fachschule für Alternative Tiermedizin liegen mit schnell etablierten Fernausbildungsinstituten im Streit. Der Kampf um die sich schließende Marktlücke der alternativen Tiermedizin wird auf dem Rücken der Vierbeiner ausgetragen.

Michael Rakow, Mitglied der »Akademie für tierärztliche Fortbildung«, äußerte sich gegenüber dem »stern« daher: »Ich halte das herkömmliche Studium für eine notwendige Voraussetzung der Heilpraktiker. Wir Veterinäre müssen jedoch aufpassen, daß wir mit der Naturheilkunde nicht eine wichtige Sache verschlafen.«

Neu ist die alternative Tierheilkunde nicht. Vor fünftausend Jahren wurde sie bereits in Ostasien betrieben. Neben Kräuterheilkunde und einfachen physikalischen Therapien war die Akupunktur die Hauptbehandlungsmethode im fernen Asien. Gleichzeitig war sie eine Präventivmedizin: Der Arzt erhielt nur so lange Honorar, wie der Patient gesund war. Im Reich der Mitte wurden die in der Therapie der Humanakupunktur bereits geläufigen philosophischen Vorstellungen der Yin-Yang-Elementenlehre, Organbildlehre und Meridianlehre in die Veterinärmedizin eingeführt. Die Folge: Die bis dahin herrschende Ansicht, Teufel und Geister seien die Ursache der Krankheiten, verschwand. Mitte des 19. Jahrhunderts wurden diese Erkenntnisse in Europa angewendet, bei Pferden, Schweinen und Kühen. Erst nachdem der Hund als Seelentröster und Kamerad zum Nutztier avancierte, kam auch er in den Genuß der alternativen Tiermedizin.

Immer häufiger sind Hunde nicht nur körperlich, sondern auch seelisch krank. Der Virus »Neurose« grassierte unter den Menschen, der Hund infizierte sich. In einer Studie des Bonner Psychologieprofessors Reinhold Bergler gaben 59 Prozent der Tiermediziner an, jeder zehnte ihrer Patienten leide unter Verhaltensstörungen, bei 21 Prozent der Ärzte waren es sogar doppelt so viele Hunde mit abnormem Verhalten.

»Tiere werden heute psychisch immer stärker belastet«, sagt Berthold Mülleneisen, Verbandssprecher der »Deutschen Tierheilpraktiker«. Zu langes Alleinsein, zu enge Wohnungen und zuviel Streß im Straßenverkehr führen zu Depressionen und krankhaften Verhaltensstörungen.

Der Hund ist reif für die Couch des Psychiaters: Epilepsie, Schizophrenie und sexuelle Neurosen – das Seelenleben der Vierbeiner ist angekratzt. Für den Wiener Tierpsychiater Ferdinand Brunner gehört nicht der Hund, sondern sein Halter auf die Couch.

»Viele Störungen entstehen durch falsche Behandlung der Tiere. Eigentlich müßte oft nicht das Tier, sondern der Besitzer therapiert werden.«

Aus der Praxis: Da ist der Zwergschnauzer, der immer nur matt in der Wohnung seiner Besitzerin herumlag. Bei der Untersuchung stellte der Tierheilpraktiker fest: Das Tier war vollgepumpt mit Barbituraten. Die Frau hatte dem Hund täglich zwei Valiumtabletten gegeben, damit der junge, umhertollende Bursche ruhiger wurde. Ein ewig schlafender Hund war ihr dann auch nicht recht.

Oder der aggressive Boxer, der bei jedem Läuten des Telefons seinem Herrn an die Gurgel sprang. Der Grund: Der Angerufene rannte ständig gehetzt von seinem Arbeitsplatz im Freien zum Telefon, der Hund konnte diese Streßsituationen nicht ertragen.

In einem anderen Fall sprang ein Rottweiler mehrmals durch Fensterscheiben und fiel Kinder an. Als Jungtier wurde er von Kindern gereizt. Außerdem hinderten Fensterscheiben den häufig allein gelassenen Hund am Kontakt mit der Außenwelt.

Eine andere häufige Erscheinungsform ist der sogenannte Fahrkartenknipser: Ein Hund knabbert sich ohne ersichtlichen Grund bis zur Verstümmelung selbst an.

Oft reagieren die Hunde damit auf Umwelteinflüsse: Durch das Laufen in Auspuffhöhe der Autos bekommen die Hunde Bleivergiftungen. Oder sie fressen sich bei Hautproblemen vor lauter Juckreiz die Haut an, werden aggressiv oder völlig lethargisch.

Nicht immer sind Erklärungen schnell bei der Hand. Ein Schäferhund wurde bei einem nächtlichen Spaziergang mit seinem Halter von dem Lichtstrahl einer Taschenlampe getroffen. Seitdem verkriecht er sich bei Lampenlicht ängstlich winselnd in eine Ecke.

Für die meisten solcher Fälle hat Berthold Mülleneisen ein Mittel parat: Gegen Lethargie helfen Fasten mit Müsli und viel Wasser. Gegen Aggressivität hilft ein Bach-Konzert vom Tonband. Klassische Töne machen den schärfsten Kettenhund sanft. Und der gestreßte Wachhund darf bei fernöstlichen Klängen meditieren. »Tiere meditieren oft stundenlang. Die liegen nicht nur einfach da, sondern haben ihre eigene Welt, in die sie abtauchen«, begründet Mülleneisen den Einsatz solch ungewöhnlicher Methoden. Aber auch alte Hausmittel werden zur Therapie eingesetzt: Fußwickel helfen gegen den Brummschädel, Diätkost gegen Blähungen, Fencheldüfte gegen Appetitlosigkeit, Kräuterdämpfe gegen Krämpfe und Rotlicht gegen Schnupfen.

Dorit Feddersen-Pedersen, Verhaltensforscherin an der Universität Kiel, nennt Beispiele für neurotisches Hundeverhalten: »Stark übertriebene Fluchttendenz, übertriebenes Meideverhalten oder Furchtsamkeit in ganz entspannten Situationen.« Foxterrier jagen Lichtreflexen nach statt einem Beutetier. Pudel rennen in Konfliktsituationen im Kreis, und Schäferhunde neigen bei

Auseinandersetzungen mit Artgenossen zu überzogenen Reaktionen: Sie beißen in den nächstbesten Gegenstand.
Grundsätzlich lassen sich viele Verhaltensstörungen nur an der Wurzel des Übels beseitigen, bei der Zucht. Selbst Verhaltensforschern fällt es mittlerweile schwer, rassetypische, also erwünschte Verhaltensweisen von Verhaltensstörungen zu unterscheiden. Was bei der einen Rasse als typisch gilt, ist bei der anderen untypisch. Eine Reihe von Rassemerkmalen, die von Züchtern gefördert werden, ist krankhaft. Bei Boxern ist der sogenannte Vorbiß der Kieferknochen erwünscht, bei Großhunden ist diese Gebißstellung ein Zuchtfehler. Eine Mißbildung ist es bei beiden Rassen, trotzdem fordert der Rassestandard diese Gebißstellung vom Boxer.

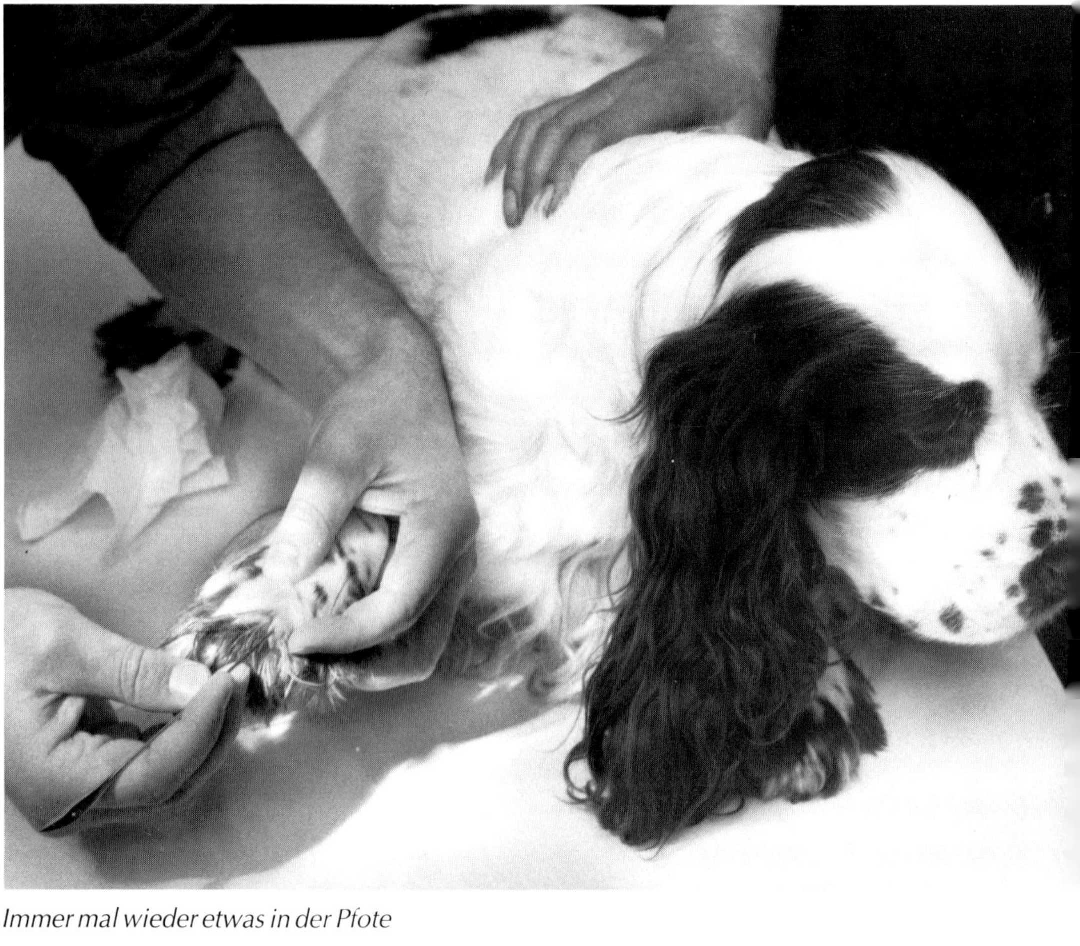

Immer mal wieder etwas in der Pfote

Eine andere Erscheinung sind die sogenannten Dauerwelpen, für die Verhaltensforscher das Wort des Kindchenschemas geprägt haben. Runder Kopf, große Augen, hohe Stirn zwingen Menschen unbewußt zu Pflegehandlungen. Pekinesen, Zwergpudel und Chihuahua gehören dazu. Sie sind gezüchtet worden, um fürsorgliche Zuneigung beim Menschen zu wecken. Tatsächlich sind sie vom Menschen abhängiger als Hunde. Nebenerscheinungen wie Glotzäugigkeit und Wasserkopf sind krankhaft normal bei diesen Hunden. Die Liste der angezüchteten Hundekrankheiten ist lang: Leukämie bei Airdedales, Kieferprobleme bei Münsterländern, Staupeanfälligkeit bei Weimaranern, Hydrozephalus (Wasserkopf) bei Zwergspitzen. Einige Züchter sind gewissenhaft genug, ihre Hunde nicht mit kranken Tieren zu kreuzen.

Den größten Zuchtschwankungen unterliegen die Modehunde. In den Ufa-Zeiten der dreißiger Jahre war es der Foxterrier, der durch Filme mit Willy Fritsch und Lilian Harvey zu Berühmtheit kam. Auch Lassie und Rin Tin Tin taten ihren Artgenossen mit den Fernsehauftritten keinen Gefallen. In den fünfziger Jahren waren Schäferhund und Dackel modern und in der sich etablierenden Wohlstandsgesellschaft der fein getrimmte Pudel. Heute sind es immer mehr größere Hunde, die die Großstädte bevölkern. Sennenhunde, Bernhardiner, Huskies, Retriever – Hunde, die in städtischen Ballungsgebieten am falschen Ort sind. War ein Hund en vogue, bekam es ihm schlecht. Er ging in die Massenproduktionen.

Der Boxer: Einst war er ein urdeutscher, kraftstrotzender Hund mit Knautschnase, wuchtigen Muskeln und einem Fang, der die einmal gefaßte Beute nicht wieder losließ. Ein Draufgänger, der sich als Schutz- und Gebrauchshund bestens bewährt hatte. Heute findet man bei Polizei, Zoll und Militär nur noch selten Boxer. Aus dem einst robusten und kerngesunden Hund ist eine schwache, krankheitsanfällige Rasse geworden. Das Elend der meisten Boxer begann

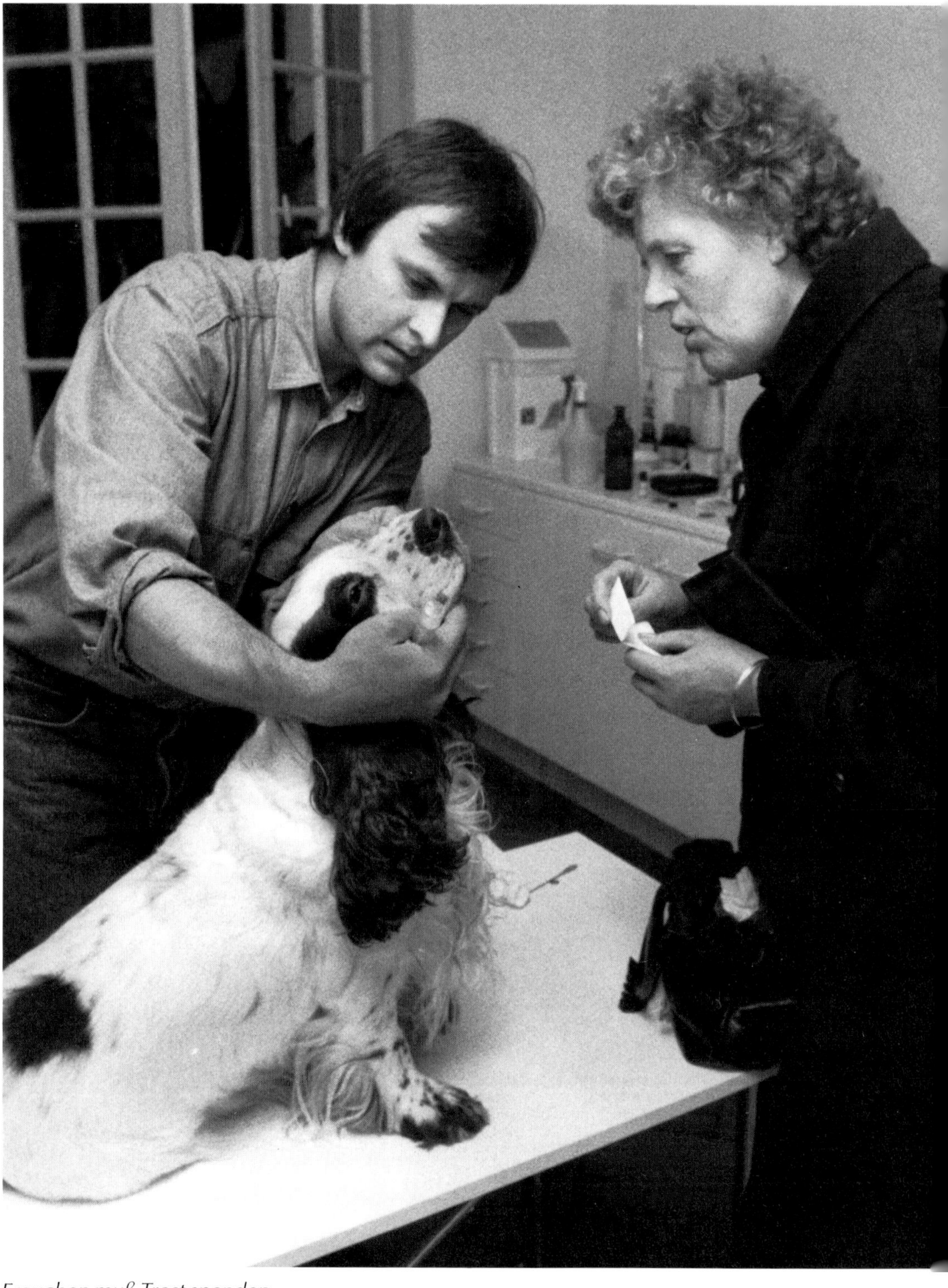

Frauchen muß Trost spenden

mit dem englischen Meisterrüden »Witherford Hot Chestnut«. Der Weltsieger wurde als Deckrüde in den sechziger Jahren nach Deutschland importiert, wo er von nun an die Zucht dominierte. Der Hundezüchter und Autor Heiko Gebhard vermutet, daß in achtzig Prozent der deutschen Boxer das Blut des englischen Rüden fließt.

Die deutschen Boxer wurden durch diese Kreuzung zwar eleganter und stromlinienförmiger, aber auch kranker. Der Hundeforscher Eberhard Trumler hat festgestellt: »Mindestens die Hälfte aller Boxer leidet an Spondylose, einer Knochenwucherung, die langsam das Rückgrat verkrümmt.« Das Resultat dieser sogenannten Bambuswirbelsäule: Das Rückgrat wird steif, die Boxer können Kopf und Oberkörper oft nur unter fürchterlichen Schmerzen aufrichten. Abgesehen davon, daß die kranken Tiere schnelles Laufen vermeiden, weil es ihnen große Schmerzen bereitet, können sie nicht einmal mehr bei der Begrüßung mit dem Schwanz, der ihnen aus Schönheitsgründen zum Stummel kupiert wurde, wedeln. Sie wackeln statt dessen mit dem ganzen Hinterteil. Das sieht zwar aus, als sei der Boxer vor Freude aus dem Häuschen, in Wirklichkeit aber hat er ein kaputtes Kreuz.

Verhaltensforscher fordern deshalb seit längerem eine strengere Überprüfung der deutschen Zuchtvorschriften. Doch für eine genauere Überwachung des Zuchtverhaltens deutscher Züchter hat noch kein Landwirtschaftsminister, immerhin oberster Schutzherr der Hunde, Veranlassung gesehen.

Der Hundeliebhaber aber, der einen solchen krankgezüchteten Schönheitschampion erwirbt, hat letztlich nur noch eine Wahl: zwischen Tierarzt und Tierheilpraktiker. Heutzutage hätte wohl nicht einmal mehr ein Friedrich der Große Spaß an seinen Windspielen. Entzückt sagte er damals: »Hunde haben alle guten Eigenschaften des Menschen, ohne gleichzeitig dessen Fehler zu besitzen.« – Heute haben sie diese Fehler.

RUHET SANFT
REX
PUTZI
SUSI

HUNDEFRIEDHOF

Schon nach den ersten Schritten auf dem Tierfriedhof Lankwitz in Berlins Süden erging es mir nicht anders, als begegnete ich dem Tod auf einem Friedhof für Menschen: Ich wußte plötzlich nicht mehr, wohin ich mit den Händen sollte, bis ich sie endlich verschränkt hinter meinem Rücken verbannte, während mein Schlendern scheinbar unbewußt in Schreiten überwechselte, so, als folgte ich einem imaginären Sarg auf dem Weg zum Grab. Dabei dämpfte ich meine Stimme so sehr, daß es fast ein Flüstern wurde. Ein Friedhof gebietet Würde. Sei es selbst einer, in dessen 2400 Gräbern überwiegend vierbeinige Lebewesen friedlich nebeneinanderliegen, noch dazu solche, die sich bei Lebzeiten spinnefeind waren: Hund und Katze.

Ich suchte nach Eindrücken von diesem tierischen Friedhof, aber bin ich ehrlich, dann ging es mir hauptsächlich um die Bestätigung von Vorurteilen, mit denen ich das Gräberfeld betrat. Ich suchte nach Szenarien, mit deren Hilfe ich übertriebene »Hundeliebe« beschreiben konnte. Ich glaubte mich lustig machen zu können über Herrchen und Frauchen, die die Vermenschlichung ihrer Hunde so weit treiben, daß sie sie auf einem Friedhof begraben, ihnen noch einen Grabstein draufsetzen und darauf dann in abgegriffenen Wendungen ihre Treue loben. Als bliebe einem Hund in Abhängigkeit von Leine und Futternapf etwas anderes übrig, als »treu bis in den Tod« zu sein.

Aber dann traf ich zwischen Wacholderbüschen und Zwergzypressen Frau Hansow. Knapp einen Meter unter ihrer Hand, die gerade ordnend an Stiefmütterchen und Geranien herumzupfte, lag Jette begraben. Eine braune Pudelhündin, einzige intensive Zweierbeziehung während ihres 78 Jahre langen Lebens.

Ich brauchte nicht lange zu bohren, bis mir die kleine, schmächtige Frau mit den lebendigen, jungen Augen die Geschichte von sich und Jette erzählte. Es ist die kurze Geschichte einer Beziehung, die, wie ich danach urteilte, folgerichtig nicht in einer Tierkörperverwertungsanstalt ihr Ende fand, sondern in einem Hundegrab auf dem Berliner

Tierfriedhof Lankwitz: »Ich bin keine Berlinerin, wohn' aber schon seit fünfzig Jahren hier. Mit zwanzig bin ich nach Berlin gekommen. Damals hatte ich viele Verwandte in Berlin. Aber die sind dann alle gestorben, bis ich ganz allein war. Alle sind von mir weg, und ich war lange Zeit sehr, sehr niedergeschlagen und traurig.
Mit Männern hab' ich nur Enttäuschungen erlebt. Dabei hätte ich verheiratet sein können. Ich hatte einen, der wollte Studienrat werden. Dem erlaubte es die Mutter nicht, weil ich ein armes Mädchen war. Der sollte was Reiches heiraten. Da mußten wir uns trennen. Ich hab' später noch viele solche Enttäuschungen erlebt. Jette hat mich nie enttäuscht.

Bis daß der Tod euch scheidet

Ist ja merkwürdig, wie das Schicksal manchmal spielt, wenn es einem ganz dreckig geht. Ich kannte eine Frau bei uns im Eckhaus, die hatte einen Pudel. Die kam eines Tages und sagte: ›In Schöneberg will jemand einen Pudel abgeben, da müssen Sie mal hinfahren. Sie sind jetzt Rentnerin, da können Sie doch mit dem Hund immer spazierengehen.‹ Ich bin also hin. Da machen da zwei junge Männer auf. Die waren, glaub' ich, homosexuell. Der eine war puterrot, dem gehörte der Hund. ›Wenn ich Ihnen den Pudel gebe‹, sagte der ganz betrübt, denn er mußte ihn weggeben, weil sein Freund wohl keine Hunde mochte, ›dann ist das für mich, als wenn eine Mutter ihr Kind weggeben würde.‹ Ich hab' ihn erst mal beruhigt: ›Bei mir hat sie das gut‹, sagte ich zu ihm, ›sie hat bei mir den Himmel auf Erden.‹ Wir sind dann mit der Taxe nach Hause gefahren. Und sie hat sich bei mir sofort pudelwohl gefühlt.

Von da an bin ich ganz anders geworden. Sie hat mich völlig umgekrempelt. Da wurde ich wieder mutig. Lebenslustig. Ich hab' viel Spaß mit ihr gehabt. Es war eine schöne Zeit. Und nun hat sie mich wieder alleine gelassen. Aber es ist vielleicht gut, daß sie vor mir ... Ich hatte mir immer den Kopf zerbrochen, wenn du jetzt stirbst, wer nimmt dann Jette? Sie war doch so lieb und artig, die war nie ungezogen. Nun ist sie vor mir gestorben. Warten Sie, ich hab' schöne Bilder von Jette, die zeige ich Ihnen. Das war meine Jette ... ist doch hübsch, nicht? Die muß man doch gern haben, nicht? Und helle war die. Sie ging zu jedem, sprang hoch und wollte gestreichelt werden, die wollte mit allen gut sein. Sie war so apart. Aber das sagt wohl jeder von seinem Hund, oder?

Die Jette hat mich richtig jung gehalten. Drei-, viermal mußte ich mit ihr runter am Tag. Wir sind viel gelaufen zusammen. Dadurch bin ich gesund geblieben. Und viele Leute hab' ich durch sie kennengelernt. In meiner Umgebung, da kannten sich alle Hundebesitzer. Sonst spricht man sich nicht an, aber mit 'nem Hund ... das ist was anderes.

Und ulkig war meine Jette. Abends, wenn ich fernsah, spät, oder ich hab' die Zeitung gelesen, lag sie auf der Couch und schlief bei mir. Ich hatte auf dem Sofa extra eine Decke hingelegt. Wenn ich dann manchmal ganz leise rausschlich in die Küche – ich nasche nämlich gern ein Stückchen Schokolade –, dann stand sie plötzlich neben mir, und ich sagte: ›Ach, die graue Eminenz ist auch schon da.‹

Jette hat auch allen Ärger mit mir durchgestanden. Einmal hatte ich die Handwerker im Haus, die haben alle Fenster rausgerissen und neue eingesetzt. Ein Dreck war das. Da haben wir uns beide stundenlang auf der Toilette eingeschlossen und vor dem Lärm und Staub verkrochen. Das hat sie alles ohne Murren mitgemacht.

Teuer ist ja so ein Pudel: Alle fünf Wochen zum Trimmen, das kostet jedesmal fünfzig Mark. Und zum Tierarzt, das war auch immer teuer. Bei meiner kleinen Rente merkte ich das schon im Portemonnaie. Aber leid hat es mir nicht getan, Jette hat das immer wettgemacht.

Hier wurde Jette begraben, nicht aber die Erinnerung

IDEFIX

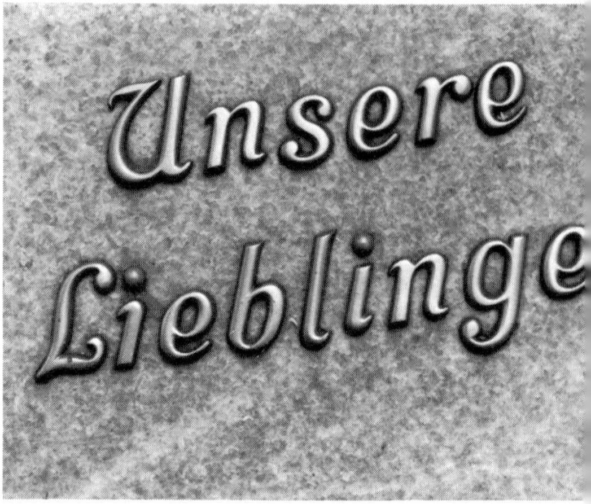
Unsere
Lieblinge

UNSER GELIEBTER
ROMEO
UNVERGESSEN

MEIN Timo

UNSERE
GELIEBTE
Bessy
Wenn Liebe könnte Wunder wirken
und Tränen Tote wecken,
so würde Dich geliebte Bessy,
nicht diese kühle Erde decken

Wenn Liebe könnte Wunder tun
und Tranen Tote wecken,
so wurde Dich geliebte Peggy,
jetzt nicht die Erde decken.
Liebe
Peggy
WIR WERDEN DICH NIE-
VERGESSEN
1974 - 31.10.1985

Was bleibt, sind steinerne Monumente der Tierliebe von einfach bis prunkvoll

Zehn Jahre ist sie alt geworden, genau zehndreiviertel. Jetzt hab' ich gehört, daß alle Pudel nur so alt werden. Ich hab' gedacht, die werden älter. Im letzten September ist sie gestorben. Bei mir zu Hause. Das war furchtbar. Sie hatte Wasser in der Lunge. Ich konnte ihr nicht mehr helfen . . . und auch die Tierärztin konnte ihr nicht mehr helfen. Einschläfern wollt' ich sie nicht lassen, das soll ja so schrecklich sein. Und dann ist sie bei mir zu Hause . . . mit einemmal, das ging ganz schnell . . . läuft noch rum und streckt sich dann plötzlich aus. Zwei, drei Atemzüge, dann war sie weg. Herzversagen. Da hab' ich Nachbarn unter mir, die sind immer so nett, und die haben ein Auto. Die haben Jette dann hergefahren.
Ich war im Tierschutzverein, dadurch hab' ich von dem Friedhof erfahren. Da hab' ich gedacht: Dort kommt meine Jette auch mal hin. Das stand für mich fest. Man kann so ein Tier, an dem man so gehangen hat, doch nicht zum Abdecker geben. Ich hätt' doch nie wieder ein Stück Seife angefaßt, aus Angst, daß da etwas von meiner

Jette drin ist. Aber ein Grabstein kam für mich nicht in Frage, das ist mir zu üppig. Das könnt' ich auch gar nicht bei meiner schmalen Rente. Dreihundert Mark hab' ich für das Grab bezahlt, alle zwei Jahre muß ich was dazuzahlen. Sonst buddeln sie die Reste von meiner Jette wieder aus und legen einen anderen Hund rein.

Ein-, zweimal komme ich in der Woche auf den Friedhof. Wenn ich spazierengehe, dann gehe ich immer zum Grab meiner Jette. In zwanzig Minuten bin ich hier. Aber meist fahre ich mit dem Bus bis Steglitz, dann geh' ich erst Mittag essen bei Karstadt, das ist gleich ein Abmachen. Wenn ich nur drinnen in der Wohnung hock', dann werd' ich krank, dann krieg' ich Depressionen. Denn die Jette fehlt mir so, ich seh' sie im Geist immer bei mir im Zimmer.

Nun liegt sie hier . . . Die hat so schöne Augen gehabt, Bernsteinaugen. Dagegen die anderen Pudel, die haben alle so dunkle Augen. So ein Pudel würd' ich glatt noch einmal nehmen, dann denk' ich immer, das ist meine Jette. Aber ich müßte jemanden haben, bei dem ich den Hund so ohne weiteres lassen könnte, wenn ich mal ins Krankenhaus muß oder so. Ich hab' auch keine Verwandten mehr in Berlin, die einen Hund nehmen würden, nur Nachbarn. Aber die woll'n alle keinen Hund. Ja, das muß man sich gut überlegen. Es gibt ja so viele, die setzen ihren Hund einfach aus, wenn sie nicht wissen, wo sie ihn lassen sollen. Im Tierheim sind über hundert Hunde. Kommt man da rein, dann bellen sie und springen hoch, als wollten sie sagen: ›Nimm mich doch bitte mit.‹ Das ist ein trauriges Bild.

Ich bin jetzt 78 Jahre alt. Wenn man schon so lange allein ist, dann fehlt einem jemand, mit dem man reden kann. Man gewöhnt sich so sehr an das Tier. Für mich ist das aber nicht einfach, wenn ich Jette hier besuche. Doch wenn ich sehe, neue Hunde sind dazugekommen, das tröstet mich dann doch. Dann freue ich mich, daß ich sie hier untergebracht hab'. Und hier lern' ich auch Leute kennen. Wir haben ja alle dasselbe Leid, das verbindet. Wir trauern um unsere Hunde.«